Jusuf Naoum:
Die Kaffeehausgeschichten
des Abu al Abed

für den Buchhändler
[illegible] Weltmühle
Jusuf Naoum
1993

Deutscher
Taschenbuch
Verlag

dtv

Meinem Freund Ralph Ghadban gewidmet

Ungekürzte Ausgabe
November 1993
Deutscher Taschenbuch Verlag GmbH & Co. KG,
München

ISBN 3-925798-56-0
Umschlagtypographie: Celestino Piatti
Umschlagbild: Rotraut Susanne Berner
Satz: KCS GmbH, Buchholz/Hamburg
Druck und Bindung: C. H. Beck'sche Buchdruckerei,
Nördlingen
Printed in Germany · ISBN 3-423-11768-0

Das Buch

»In dieser Nacht hatte Abu al Abed nicht eine einzige Minute schlafen können. Zu sehr war er damit beschäftigt, ein neues unterhaltendes Abenteuer für seine Freunde und Bekannten zu erfinden. Doch solange er auch darüber nachdachte, ihm fehlte die zündende Idee. Was sollte er nur tun, wenn er morgen abend ins Kaffeehaus käme? Abu al Abed beschloß, an diesem Tag in seinem Garten auf einen Apfelsinenbaum zu klettern; dort oben würde er beim Nachdenken bestimmt nicht von seinen Frauen gestört . . .« Früher gab es in fast jedem Kaffeehaus des Orients einen Geschichtenerzähler – bis das Fernsehen ihn verdrängte. Seine Aufgabe war es, die zahlenden Gäste bei der Stange zu halten. Das gelang ihm am besten, indem er möglichst viel Phantasie und Witz einsetzte und Spannung erzeugte – worin er wiederum das Fernsehen leicht übertraf. Jusuf Naoum hat die alte Tradition wieder aufgegriffen und dabei festgestellt, daß sich die Menschen auch heute noch mühelos vom Kaffeehauserzähler faszinieren lassen.

Der Autor

Jusuf Naoum, geboren 1941 in El Mina/Tripoli im Libanon, kam 1964 in die Bundesrepublik. Nach einer Ausbildung im Hotel- und Gaststättengewerbe arbeitete er als Kellner, dann als Masseur und medizinischer Bademeister. Seit 1983 ist er freier Schriftsteller. 1992 erhielt Jusuf Naoum den Kulturpreis des Rheingau-Taunus-Kreises. Außerdem liegen von ihm vor: ›Der Scharfschütze. Erzählungen aus dem libanesischen Bürgerkrieg‹ (2. Aufl. 1988), ›Karakus und andere orientalische Märchen‹ (2. Aufl. 1988), ›Kaktusfeigen‹ (1989), ›Der rote Hahn. Erzählungen des Fischers Sidaoui‹ (2. Aufl. 1989), ›Sand, Steine und Blumen. Gedichte aus drei Jahrzehnten‹ (1991).

dtv drei kontinente

Es gibt bei uns in den arabischen Ländern Berufe, die eine sehr lange Tradition und eine große Bedeutung haben. Zu diesen Berufen mit einer alten Tradition zählt der des *hakawati* – des Geschichtenerzählers, von dem ich hier berichten möchte.

Auf Marktplätzen oder in Cafés, dort, wo viele Menschen zusammenkamen, stand der Geschichtenerzähler an erster Stelle neben dem Clown, dem Feuerschlucker, dem Zauberer und dem Schlangenbeschwörer und gehörte zu den beliebtesten Volkskünstlern. Seine Aufgabe bestand nicht nur darin, den Leuten etwas vorzulesen oder frei zu erzählen. Er mußte auch von Schauspielerei eine Ahnung haben, wenigstens ein Musikinstrument beherrschen und etwas vom Marionetten- und Schattentheater verstehen. Die dazugehörenden Figuren wurden von ihm entworfen und geschnitzt.

Wie ihr seht, war es kein Zuckerschlecken, sondern ein schwerer Beruf. In den Mittelpunkt stellte der Erzähler Liebesgeschichten, Heldenabenteuer oder die Religion.

Will man diese Tradition mit dem heutigen Theaterbetrieb vergleichen, könnte man sagen, daß damals *ein* Mann für alles verantwortlich und gleichzeitig Schauspieler, Regisseur und Bühnenbildner war. Dieser Beruf wurde meist vererbt. Der Vater bildete einen seiner Söhne aus, und nach seinem Tod durfte der junge Mann diese Tätigkeit ausüben. Dadurch blieb die Kunst des Geschichtenerzählers über Generationen in der gleichen Familie erhalten.

Der Kaffeehauserzähler – die meisten Geschichtenerzähler trugen ihre Kunst in Cafés vor – erfüllte zwei wichtige Aufgaben. Zum einen mußte er für die Unterhaltung seiner Zuhörer sorgen. Zum anderen hatte er das Wissen um bestimmte historische Ereignisse an das Volk weiterzugeben.

Der Kaffeehauserzähler gab an einem Abend nie die ganze Geschichte preis; durch Erzeugen von Spannung versuchte er seine Zuhörer wachzuhalten. Erreichte die Erzählung ihren Höhepunkt, unterbrach er sie, um sie am folgenden Abend fortzusetzen. Er mußte also die Kaffeehausgäste mit seiner Erzählung so fesseln, daß sie am nächsten Tag ins gleiche Café zurückkehrten und dort auch etwas verzehrten. Der Erzähler bekam sein Geld vom Kaffeehausbesitzer. Dennoch durfte der Inhaber sich nicht in seine Geschichten einmischen.

Ein Beispiel, mit welchen Mitteln die Kaffeehauserzähler Spannung zu erzeugen verstanden: So berichtete ein Erzähler eines Abends über die Schwierigkeiten eines Liebespaares, dessen Eltern mit der Beziehung nicht einverstanden waren und deshalb die Heirat des Paares unbedingt verhindern wollten. Einem Verwandten jedoch gelang es, die Eltern umzustimmen. An dieser Stelle brach der Kaffeehauserzähler seine Geschichte ab. So also bereitete er seine gespannten Zuhörer auf die Geschichte der Hochzeit vor. Am nächsten Tag strömten die Gäste in festlicher Kleidung ins Café, als ob sie selbst zu einer Hochzeit eingeladen wären. In der Hand trugen sie Blumen und Geschenke für das Brautpaar. Das Kaffeehaus war außen wie innen mit Girlanden, Lampions und farbenprächtigen Blüten dekoriert. Auf einem Podest saß der Erzähler auf einem Stuhl, der schon seinem Vater und Großvater gehört hatte. Deshalb besaß dieser Stuhl einen besonderen Wert für ihn. Neben dem Erzähler stand ein Kasten, der wie ein Fernsehapparat aussah. Hinter dem Kastenschirm, der aus Leinen bestand, zündete er eine Kerze oder Öllampe an, so daß durch die Schatten der Marionetten ein Bild entstand. In der ersten Szene sah man das Brautpaar lächeln. Während der Erzähler die Zeremonie der Hochzeit zelebrierte, tauchten auf dem Bildschirm plötzlich Soldaten auf, die den Bräutigam verhafteten.

Die Kaffeehausgäste wurden unruhig und unterbrachen den Erzähler, um zu erfahren, was passiert sei. Er antwortete: »Der

König hat das befohlen, und morgen werde ich euch die Einzelheiten berichten.« Unzufriedenheit herrschte im Saal. Es war aber nichts zu machen; der Erzähler verließ den Raum, und keiner konnte ihn zurückhalten.

In dieser Nacht konnten viele nicht schlafen. Sie verspürten Mitleid mit dem Bräutigam, sammelten Geld und suchten den Erzähler in seiner Wohnung auf. Sie weckten ihn aus dem Schlaf und überreichten ihm das Geld, um den Bräutigam aus dem Gefängnis zu befreien. Nach langem Zögern erzählte er von der Befreiung. Die Zuhörer waren jetzt zufrieden und konnten schlafen gehen.

Die zweite Aufgabe des Kaffeehauserzählers bestand – wie erwähnt – in der Weitergabe historischer Ereignisse an sein Volk. Damit meine ich die Geschichte des Dorfes oder der Stadt mit allen wichtigen Geschehnissen wie Krieg, Frieden, Naturkatastrophen, fetten oder mageren Jahren. Der Kaffeehauserzähler berichtete von mutigen Männern und Märtyrern, von Bauernaufständen und Überfällen feindlicher Heere, von Fürsten, die Tyrannen waren, und von heldenhaften Rittern. Der Erzähler achtete darauf, die alte Kultur und Geschichte zu pflegen, um die Bindung der Jugendlichen an ihre Heimat zu erhalten.

Alle diese Überlieferungen wurden ursprünglich von Mund zu Mund weitergegeben, und jeder Erzähler ließ seiner Phantasie freien Lauf. Geschichte wurde so verändert, und über viele Helden wurde erzählt, die in Wirklichkeit nie existierten.

So hat man festgestellt, daß die berühmte Geschichte von ›Antar und Ablah‹ erfunden ist. Dennoch zählt diese Geschichte weiterhin zu den bedeutendsten Volkserzählungen des arabischen Raumes. Sie ist in verschiedenen Fassungen überliefert, die Aussage ist jedoch immer die gleiche: Antar wird als Ritter schwarzer Hautfarbe geschildert. Zu der Zeit, in der diese Geschichte spielt, waren die Schwarzen in Arabien Sklaven und durften nur unter ihresgleichen heiraten. Antar aber verliebte sich in eine hellhäutige Frau, die Ablah hieß. Er wollte sich sofort mit ihr vermählen, was ihm jedoch durch Gesetz verboten war. Antar aber behauptete sich dank seiner heldenhaften Taten. Er wird als starker, gerechter, tugendhafter und stolzer Ritter beschrieben, der gegen die Feinde, die sein Land erobern wollen, siegreich kämpft. Am Schluß der Geschichte darf Antar dann Ablah heiraten.

Diese Erzählung zeigt deutlich die Diskriminierung der Farbigen in jener Zeit; der Schluß der Geschichte aber ist optimistisch, denn Antar gelingt es, die Gesetze, die gegen seine Leute gerichtet sind, zu durchbrechen.

Diese Erzählung wurde vom *hakawati* oft in den Kaffeehäusern vorgetragen. Er wählte sie aus, um mit ihrer Hilfe den Rassismus aufzuzeigen und seine Folgen darzustellen.

Der Kaffeehauserzähler besaß Narrenfreiheit – wie Till Eulenspiegel – und durfte die Obrigkeit kritisieren. Seine Geschichten haben sozialkritische Hintergründe, und das Wichtigste ist ihre Glaubwürdigkeit, trotz vieler Übertreibungen. Bei uns im Orient gibt es niemanden, der in seinen Erzählungen nicht übertreibt, aber es bleibt dabei immer ein Stück Wahrheit erhalten.

Die Religion kommt in diesen Erzählungen oft als Rahmen vor, den der Erzähler benutzt, um gesellschaftliche Inhalte zu vermitteln. Berichtet der Kaffeehauserzähler beispielsweise über einen revolutionären Führer, darf er diesen nie als ungläubig schildern. Solche Charakterisierung käme bei seinen Zuhörern nicht an. Damit würde er das Gegenteil seiner Absicht erreichen, denn im Orient glauben viele an Allah.

Das Fernsehen, dieses westliche Ungeheuer, hat unsere Volkskunst leider zerstört. Fast in jedem Café steht inzwischen ein solcher Apparat. Fernsehserien wie Dallas, Denver und Schwarzwaldklinik kennt bei uns fast jedes Kind.

So leben heute nur noch wenige Kaffeehauserzähler, und wenn sie sterben, wird es keinen Ersatz für sie geben. Einige dieser Volkserzählungen sind von bekannten arabischen Autoren gesammelt worden, damit diese Kunst nicht ganz verlorengeht. Die Kaffeehauserzähler greifen jedoch nicht nur die klassischen Themen auf. Die besten unter ihnen machen – ganz im Sinne einer langen Tradition – die Zeit, in der sie selbst leben, zum Thema.

An dieser Stelle möchte ich mich schon jetzt für euer Interesse und eure Aufmerksamkeit bedanken und euch nun mit dem Erzähler Abu al Abed bekannt machen.

Abu al Abed entstammte nicht – wie die meisten Erzähler – einer traditionellen Kaffeehauserzählerfamilie, sondern einer seit Generationen bestehenden Friseur- und Zahnzieherfamilie. Seine sieben Brüder hatten den Beruf ihres Vaters übernommen, Abu al Abed war der Beruf des Friseurs und Zahnziehers jedoch zu langweilig. Er liebte die Abenteuer.

Mit vierzehn Jahren meldete er sich bei der Feuerwehr, und von da an blieb er Feuerwehrmann fünfzig Jahre lang. Aber nachdem seine älteste Tochter mit einem angesehenen Juwelier verheiratet war, brauchte er kein Feuer mehr zu löschen und sein Leben aufs Spiel zu setzen. Sein Schwiegersohn sorgte für einen kleinen monatlichen Wechsel, so daß Abu al Abed seine beiden Frauen bescheiden über die Runden bringen, täglich ein bis zwei Tassen Tee im Café »Al Nachat« trinken und einmal in der Woche – meistens freitags – eine Wasserpfeife rauchen konnte.

Mit der Zeit wurde es ihm dort im Café jedoch zu langweilig. Immer nur Tee zu trinken und am Freitag Wasserpfeife zu rauchen genügte ihm nicht. Auch war vor kurzem der Kaffeehauserzähler Abu al Tabel gestorben, und keiner seiner sieben Söhne wollte seinen Platz einnehmen.

Für Abu al Abed war dies eine günstige Gelegenheit, einen

alten Traum zu verwirklichen: Der Kaffeehausbesitzer bot ihm an, die Stelle des Verstorbenen zu übernehmen, denn er wußte, daß Abu al Abed ein großes Erzähltalent hatte. Von diesem Tage an war Abu al Abed der Erzähler des Cafés »Al Nachat«.

Abu al Abed hatte an einem Abend, es war schon neun Uhr, eine seiner Erzählungen beendet und kündigte an, er würde Feierabend machen. Nur mit Mühe und Not gelang es ihm, mit dem Versprechen, am nächsten Abend mehr zu erzählen, das Café zu verlassen. Am folgenden Tag kam Abu al Abed nach dem Abendessen wieder ins Café. Dieses Mal trug er eine Laute in der Hand, mit der er seine Erzählung begleiten wollte. Die Melodien, die er spielte, hatte er selbst komponiert.

Nachdem ein Kreis gebildet und der Boden des Cafés gefegt war, trank Abu al Abed einen Schluck Tee, um seinen Hals anzufeuchten, legte die Laute auf seinen Schoß und spielte; außer der Erzählkunst beherrschte er viele Musikinstrumente.

Die Gäste wurden von den Melodien verzaubert und applaudierten. Während er spielte, erzählte Abu al Abed von seltsamen und aufregenden Abenteuern:

»Vor vielen Jahren ernannten mich die Bewohner von Jableh zum Sultan, denn ich war sehr mutig und stand auf der Seite der Schwachen. Ich regierte ein großes Land, mir gehörten viele Kamele, Pferde, Felder, Paläste, Geschäfte und Diener. Dreißig Jahre blieb ich Sultan. Ich aß von goldenen Tellern und trank aus goldenen Gläsern. Mit dem Geld, das ich besaß, hätte ich Indien und Afrika kaufen können. Ich trug seidene Kleider und schlief auf weichen Federbetten. Ich bekam alles, was ich mir wünschte. Selbst den Mond hätte ich haben können. Und alle leckeren Speisen der Erde. In vielen Truhen lagen, wie Sand am Meer, Diamanten, Perlen und Rubine. Ich hätte auch zahllose Soldaten haben können, doch bei meinem Amtsantritt entließ ich sie alle, weil ich gegen den Krieg war. Dennoch zahlte ich ihnen monatlich eine gute Rente.

Eines Tages, verehrte Gäste, leuchtete mir am Himmel ein Stern und flüsterte in mein Ohr: ›Du bist reich, Abu al Abed, du hast alles auf dieser Erde, was sich ein Mensch wünschen kann. Aber denke an den Tod! Denke an Gott und an sein Himmelreich! Du hast den Herrgott vernachlässigt. Das Glück auf Erden kann schnell verlorengehen, aber der Himmel ist in Ewigkeit da.‹

An diesem Tag beschloß ich, meinen Palast zu verlassen. Statt dessen nahm ich mir vor, ein Haus im Himmel zu bauen. Ich wollte fortan nur noch dem Herrgott dienen und nahm von allem Abschied. Ich zog mein seidenes Gewand aus und beschloß, ein Hemd aus Schafswolle zu tragen und zu Fuß zu laufen.

Ich verabschiedete mich von meiner Frau und meinen Kindern, meine Frau aber weinte viel, und ich sagte zu ihr: ›Weine nicht, mein Weib, ich liebe keine Frau außer dir, doch seit heute ist mir dein Körper verboten, sage auch meiner alten Mutter, daß ich nie wieder zurückkomme.‹

An diesem Tag wurde ich, der Sultan, zu einem Derwisch. Ich betete fortan von früh bis spät, Gläubige schenkten mir etwas Geld und gaben mir zu essen und zu trinken. Es dauerte einige Tage, bis ich einige andere Derwische fand. Bei ihnen, in einem alten Haus am Rande einer großen Stadt, wohnte ich jetzt. Sie lehrten mich die Meditation, es war sehr anstrengend. Ich mußte stundenlang den Kopf schütteln und die gleichen Worte wiederholen: Allah akbar, Allah akbar.

Nach einigen Stunden verlor ich schließlich meinen Verstand. Ich kam in Trance, und in diesem Zustand konnte ich Gott sehen. Das ist das schönste Gefühl, das man haben kann, verehrte Gäste. Einen Monat benötigte ich, dann hängten sie mir ihre Ketten um, und ich war ein richtiger Derwisch. Nun durfte ich mit ihnen reisen, von Staat zu Staat, und von Gott predigen.

Bevor ich ging, hatte meine Frau noch gesagt: ›Gib dein Geld den Armen und verteile den Boden an die Bauern, gib deinen Palast den Waisenkindern, und wir bauen uns eine kleine Hütte und leben mit den Bauern zusammen. Auf diese Art ehrst du Gott mehr, als wenn du dich von den Menschen isolierst und die Flucht ergreifst.‹ Ich hatte nicht auf sie gehört, sondern getan, was der Stern mir befohlen hatte.

Meine erste Reise dauerte sieben Tage und sieben Nächte. Ich kam nach Antakiah. Antakiah ist eine große Stadt. Ihre Bewohner waren sehr geizig, und sie gaben den Derwischen kein Geld. Ich betete den ganzen Tag und verdiente nicht einen einzigen Piaster, um Brot kaufen zu können. Ich litt einen quälenden Hunger. In meiner Not beschloß ich, in ein Restaurant zu gehen, ich hoffte, sein Besitzer würde großzügig sein und Gott lieben und mir ein Essen geben. Er aber fragte mich, ob ich Geld hätte, und ich antwortete: ›Nein, ich besitze nur mich selbst, sogar das Hemd, das ich trage, ist von einem Freund geliehen.‹

›Was kannst du arbeiten?‹

›Ich bin Holzfäller von Beruf.‹

›Ich werde dir ein Mittagessen geben, aber dafür werde ich dich als Sklave verkaufen, bist du damit einverstanden?‹

Ohne viel zu überlegen, willigte ich ein, mein Hunger war so groß. Im Basar verkaufte er mich an einen Juden, für den ich dann eine Zeitlang arbeitete.

Dieser gab mir zwei Esel. Jeden Tag mußte ich Holz im Wald fällen und auf die Rücken der Tiere laden. Eines Tages, als ich im Wald im Gebet versunken war, kam ein großer Löwe, fraß einen Esel und ließ nur die Knochen liegen. Als ich das bemerkte, unterbrach ich mein Gebet und versuchte, den Löwen zu verscheuchen, damit er nicht noch den zweiten Esel fräße. Doch der Löwe ließ sich nicht verjagen. Er entschuldigte sich statt dessen zu meiner Überraschung bei mir: ›Seit einer Woche habe ich nichts gegessen‹, sagte er, ›ich bitte dich um Verständnis.‹

Ich verzieh ihm und freundete mich mit ihm an. Ich legte

das Holz auf seinen Rücken, und wie ein Kater lief er neben dem übriggebliebenen Esel her. Abends, als ich in die Stadt zurückkam, staunten die Bewohner von Antakiah sehr, und sie riefen: ›Mit Hilfe Allahs ist auf dieser Erde alles möglich. Gott läßt einen Löwen wie einen Kater hinter dem Derwisch laufen und ihn die Last eines Esels tragen. Dieser Mann muß sehr gläubig sein, wir müssen ihn verehren.‹

Also verehrten mich die Bewohner von Antakiah wegen dieser Heldentat. Sie schenkten mir Datteln, Feigen, Mandeln und Rosinen und setzten einen Lorbeerkranz auf meinen Kopf, so daß ich aussah wie der Kaiser von Rom. Als der Jude aber aus der Ferne sah, wie der Löwe mit dem Holz auf dem Rücken neben mir lief, fiel er in Ohnmacht. Seine Frau rannte zur Küche, holte Wasser und schüttete es auf seinen Kopf. Es dauerte einige Minuten, bis er wieder zu sich kam. Inzwischen stand ich vor seiner Haustür.

›Keine Angst‹, sagte ich zu ihm, ›du brauchst nicht aufs Dach zu fliehen, du kannst den Kopf des Löwen streicheln. Er ist mein Freund.‹

Aber der Jude hatte immer noch Angst und wollte die Tür nicht öffnen. Die Menge der Menschen, die hinter mir herlief, rief dem Juden zu: ›Weil dieser Mann ein frommer Muslim ist, deshalb läuft der Löwe wie ein Kater hinter ihm her!‹

An diesem Tag noch trat der Jude zum Islam über. Das war zwar nicht meine Absicht gewesen, doch als gläubiger Muslim war ich hocherfreut darüber. Er ließ mich frei und gab mir Geld, so daß ich einen Monat lang gut leben konnte. Diese Zeit war sehr angenehm: Ich saß den ganzen Tag in der Moschee und pflegte die Tagesgebete.

Als der Monat vergangen war, lernte ich hundert hungernde Derwische kennen. Sie hielten sich seit einiger Zeit in Antakiah auf, doch die Stadt gefiel ihnen nicht. Sie fluchten viel über deren Bewohner, weil sie hier hungern mußten.

›Wohin wollt ihr ziehen?‹ fragte ich einen der Derwische.

›Nach Mekka. Wir haben gehört, daß die Menschen dort sehr gastfreundlich sind und große Achtung vor uns Derwischen haben.‹

Mir gefiel ihr Vorhaben, und ich zog mit ihnen. Zu Fuß nach Mekka zu gehen dauert sehr lange, von Antakiah bis Mekka sind es Tausende von Kilometern. Nicht weit von Antakiah gibt es eine kleine Stadt, die Iskendarun heißt. In ihr herrschen seltsame Gesetze. Wer dort nicht arbeitet, wird sofort ins Gefängnis gesteckt. ›Gut‹, sagte ich zu meinen Derwischen, ›wir gehen zuerst nach Iskendarun und machen dort Zwischenstation, bis wir etwas Geld haben.‹ So zogen wir nach Iskendarun. Dort saßen wir einige Tage auf der Straße und taten nichts, bis die Polizei schließlich kam und uns alle ins Gefängnis steckte.

Das war genau das, was wir hatten erreichen wollen. Im Gefängnis bekamen wir wenigstens einmal am Tag ein warmes Essen. Zwei Wochen blieben wir drin und hatten Vollverpflegung, dann aber wurde es für die Stadt zu teuer, hundert hungrige Derwische kostenlos zu ernähren. Zu Beginn der dritten Woche rief mich der Bürgermeister persönlich zu sich. Er wollte mit mir verhandeln, weil ich, Abu al Abed, von den Derwischen zum Sprecher gewählt worden war. Der Bürgermeister fragte mich, warum wir nicht arbeiten wollten. Ich antwortete: ›Weil wir Derwische nur Gott dienen wollen und nicht den Menschen.‹ Diese Worte sagte ich voller Überzeugung.

›Im Gefängnis kann ich euch nicht behalten‹, erwiderte der Bürgermeister, ›euer Essen kostet uns zuviel, und in der Stadt ohne Arbeit zu leben ist gegen unsere Gesetze, die wir seit tausend Jahren haben. Was mache ich bloß mit euch?‹

›Das ist ganz einfach. Wir wollen nicht in eurer Stadt bleiben, Mekka ist unser Ziel. Dort wollen wir Allah dienen, doch wir haben leider kein Geld, um dorthin zu gelangen.‹

›Geld kann ich euch leider nicht geben, wohl aber zwanzig Kamele und ein Pferd‹, sagte der Bürgermeister. ›Ihr müßt mir aber versprechen, sofort aus dieser Stadt zu verschwinden und niemals wiederzukommen.‹ Ich schüttelte ihm die Hand und willigte ein.

Am gleichen Tag noch verließen wir bei Sonnenuntergang die Stadt mit ihren seltsamen Gesetzen, stiegen auf unsere Kamele und machten uns auf in Richtung Mekka.«

Abu al Abed wischte sich mit einem Tuch die Stirn und trank einen Schluck Tee, um seinen Hals anzufeuchten. Er wollte eine kurze Pause machen, doch die Gäste begannen zu schreien und zu pfeifen, er solle die Geschichte sofort zu Ende erzählen. Er aber ließ sich nicht beirren und machte eine Pause von zehn Minuten. Währenddessen fegte der Kellner den Saal und nahm neue Bestellungen auf. Am Ende der Pause nahm Abu al Abed seine Laute wieder auf den Schoß und begann zu spielen und zu erzählen:

»Siebzehn Tage und siebzehn Nächte dauerte unsere Reise, verehrte Gäste. Unterwegs verstand ich mich mit allen Derwischen gut, wir waren wie Brüder. Aber mit hundert Leuten zu verreisen ist nicht einfach; wir waren gezwungen, uns auf einen Plan zu einigen. Ich fragte die Derwische, zu welcher Zeit sie am liebsten reisten. ›In der Nacht‹, sagten sie. Der Tag war fortan für das Gebet und den Schlaf vorgesehen. Von acht bis elf Uhr morgens hatten wir drei Stunden zum Beten, von elf bis vierzehn Uhr drei Stunden zum Schlafen, von fünfzehn bis achtzehn Uhr wiederum drei Stunden zum Beten, und ab sieben Uhr abends setzten wir unsere Reise fort.

Zwei Tage lang funktionierte dieser Plan gut, am dritten Tag gab es jedoch zwischen den jungen und den alten Derwischen einen heftigen Streit, weil die jungen morgens länger schlafen wollten; es kam zu einer bewaffneten Auseinandersetzung, bei der Verletzte und Tote zu beklagen waren. Ich mischte mich allerdings schnell ein und versöhnte schließlich die beiden Gruppen. Ich schlachtete eine Ziege und füllte sie mit gerösteten Pinienkernen, Mandeln, Datteln und Rosinen, hüllte sie in Ziegenleder und grub sie mit glühender Holzkohle in den Sand ein. Bis das Fleisch weich war, vergingen zwölf Stunden. Auf diese Weise bleibt das Fleisch sehr saftig. Ich kann euch, verehrte Zuhörer, dieses Rezept zur Nachahmung nur empfehlen. Es wird ein Festmahl sein, das keiner eurer Gäste je vergessen wird.

Doch zurück zu meinem Bericht! Ich lud die zerstrittenen Parteien ein, ohne daß eine Gruppe von der Einladung der anderen wußte. Das Fleisch und die Füllung verteilte ich auf einer silbernen Platte, die ich mit Rosen und roten Nelken dekorierte. Den Reis briet ich in Schafsbutter kurz an, dann goß ich kochendes Wasser darüber. Das Essen war köstlich, das kann ich euch versichern, verehrte Gäste. Pilger, die ich unterwegs getroffen hatte, hatten mir die Ziege, den Reis und die Zutaten geschenkt.

Zuerst kamen die jungen Derwische. Sie begrüßten mich herzlich, ich bat sie zu Tisch. Ich hatte einen Vorhang aufgehängt, der die Essensplatte in der Mitte teilte. Später kamen die älteren Derwische. Ich ließ sie durch den anderen Zelteingang herein. Sie begrüßten mich ebenso herzlich und begannen zu essen. Sie wußten so wenig von der Anwesenheit der jungen Derwische wie umgekehrt. Als die beiden zerstrittenen Gruppen mit dem Essen fertig waren, schob ich den Vorhang zur Seite; sie blickten einander mit plötzlich sehr bösen Augen an, zogen rasch ihre Säbel und wollten aufeinander los. Ich aber erinnerte sie daran, daß sie soeben von der gleichen Platte gegessen hatten und daß das ein Grund sei, sich zu versöhnen und wieder Freunde zu werden. Dies ist eine uralte arabische Sitte, und mit ihrer Hilfe gelang es mir, den Streit zwischen den Derwischen zu schlichten. Es wurde ein großes Versöhnungsfest gefeiert, das eine Woche lang dauerte, und zur Belohnung durfte ich auf dem einzigen Pferd, das wir besaßen, reiten; ich aber ritt lieber auf einem Kamel und stellte das Pferd dem ältesten Derwisch zur Verfügung.

Bei den Derwischen zu sein, bereitete mir anfangs sehr viel Zufriedenheit. Sie haben weniger Ansprüche als die meisten Menschen, die ich kenne, besitzen kein Geld und kein Haus, sind weder verheiratet noch haben sie Kinder. Ihr Leben haben sie uneingeschränkt Allah gewidmet. Sie geben sich den ganzen Tag dem Gebet hin und leben sehr asketisch, trinken keinen Alkohol und fasten den ganzen Ramadan hindurch mit Freude. Wenn sie krank sind, gehen sie nicht zum Arzt, sie heilen ihre Krankheit mit Kräutern. Schläft aber ein Derwisch mit einer Frau, wird er von den anderen schwer bestraft. All diese Bräuche und Gesetze kann ich gut verstehen, aber eine ihrer Gewohnheiten habe ich nie verstanden und auch nicht akzeptiert: Sie schlafen mit Männern; das ist für sie natürlich und normal, und wenn sie keinen Mann finden, dann nehmen sie ein männliches Tier, meistens einen Bock oder einen Esel.

Als ich das erfuhr, rief ich alle Derwische zu einer Besprechung zusammen. Es war an einem Freitag, zwei Tage, bevor wir nach Mekka kamen. Auf dieser Versammlung sagte ich zu ihnen: ›Brüder, wir befinden uns in einem Fastenmonat. Ihr wißt, dieser Monat ist sehr heilig, es ist besser, wenn ihr jetzt mit keinem Mann oder einem männlichen Tier schlaft, sofern ihr das Paradies erlangen wollt.‹

Die Derwische wurden böse auf mich, wählten mich ab und suchten sich einen anderen Sprecher. Das war mir ganz recht; nach dieser Auseinandersetzung verließ ich die Derwische und zog allein weiter nach Mekka. Dort angekommen, sah ich Millionen von Pilgern, die vor der Stadtmauer standen und nicht hineindurften.

Ich fragte einige von ihnen: ›Was ist hier los?‹

Sie antworteten: ›Die Cholera ist vor einem Monat in der Stadt ausgebrochen, und wir warten hier unter der heißen Sonne. Tausende von uns sind bereits an der Hitze gestorben.‹

›Warum geht ihr nicht zurück nach Hause?‹

›Wir wollen das Grab des Propheten Mohammed besuchen, kannst du uns nicht helfen, Bruder? Du bist bestimmt ein frommer Mensch. Allah wird dein Gebet hören.‹

Ich überlegte sehr lange, wie ich diesen armen Menschen helfen könnte, und dann kam mir eine gute Idee.

Aber jetzt bin ich müde und will nach Hause. Morgen werde ich euch, verehrte Gäste, diese Geschichte weitererzählen.«

Abu al Abed stand auf, nahm die Laute unter den Arm und verließ das Café, um sich nach Hause zu begeben.

Pünktlich um neun Uhr am Abend betrat Abu al Abed wieder das Café und begrüßte die Gäste. Nachdem der Kreis gebildet und der Boden des Cafés gefegt war, trank er einen Schluck Tee, um seinen Hals anzufeuchten, und fragte die Gäste: »Wo war ich das letzte Mal stehengeblieben?«

Einer antwortete: »Du warst Derwisch und standest vor der Stadtmauer von Mekka, wo viele Menschen an der Cholera gestorben waren.«

»Ja, genau, jetzt kann ich mich erinnern. Also – ich überlegte, wie ich diesen armen Menschen helfen könnte, und dann kam mir eine sehr gute Idee.

Ich stieg auf mein Kamel und ritt zu den Derwischen zurück in der Hoffnung, daß ich sie noch antreffen würde. Es dauerte einige Zeit, bis ich sie fand, und ich begrüßte sie alle, doch keiner bemerkte meine Anwesenheit. Sie saßen im Schneidersitz und meditierten ohne Unterlaß. Da brüllte ich so laut, daß die Berge zu zittern begannen, doch noch immer reagierte keiner. Sie blieben sehr lange so still sitzen, bis endlich ihre Meditation beendet war. Dann fragte mich einer, ob ich schon lange hier sei. ›Einen ganzen Tag‹, antwortete ich.

›Was wünschst du denn?‹ fragte er.

›Ismail Ben Abdullah will ich sprechen. Ich habe gehört, daß er ein Kraut gegen die Cholera entdeckt hat. Dieses Kraut will ich haben. Vor der Stadtmauer Mekkas warten viele Leute. Sie dürfen nicht in die Stadt, weil die Cholera ausgebrochen ist. Sie baten mich, ihnen zu helfen.‹

»Das ist nicht unsere Aufgabe, wir können ihnen nicht helfen, wir können nur für sie beten, daß sie schnell und ohne große Leiden sterben.‹

Es war nichts zu machen, sie gaben mir das Kraut nicht. Unverrichteterdinge ritt ich zurück nach Mekka. Inzwischen waren wieder viele Menschen an Cholera und Hitze gestorben, und auch ich wurde angesteckt, und eine Woche später starb ich, verehrte Gäste.

Eigentlich war ich nicht traurig, daß ich tot war. Ich dachte, nun würde ich ins Paradies kommen, ich war ja ein frommer Derwisch. Ich traf den Engel Gabriel und bat ihn, er solle mir die Tür zum Paradies öffnen.

›So nicht‹, sagte er zu mir, ›du kommst nicht rein.‹

›Ich bin aber Abu al Abed‹, sagte ich, ›ich habe auf meinen ganzen Reichtum verzichtet und bin Derwisch geworden, ich habe ein Schafswollhemd ohne Ärmel angezogen, bin barfuß auf den Straßen gelaufen und habe viel gebetet. Machen Sie es bitte nicht so kompliziert, Bruder, öffnen Sie mir bitte die Tür.‹

Aber der Engel Gabriel gab mir einen Tritt in den Hintern und schickte mich noch einmal auf die Erde: ›Ins Paradies kommen nur die Auserwählten. Du mußt noch viel an dir arbeiten!‹

Und so bin ich noch einmal auf diese Erde gekommen, verehrte Gäste, und habe das Vergnügen, euch meine Abenteuer zu erzählen und bei euch zu sitzen.«

Abu al Abed trank einen Schluck Tee, um seinen Hals anzufeuchten, und begann mit einer neuen Geschichte, da es noch nicht zehn Uhr war:

»Vor vielen, vielen Jahren, meine verehrten Gäste, war ich auf einer Safari in Indien. Keine Neckermann-Reise, wie das heute so üblich ist. Nein, ich raste nicht im geschlossenen Jeep durch die Gegend und knipste die Tiere, sondern lief als Leibwächter des Direktors des Zoologischen Gartens von Beirut zu Fuß durch die Steppe. Was ich dort erlebte, möchte ich euch jetzt erzählen.

Also, eines Tages in der frühen Morgendämmerung, die Sonne hatte gerade ihren Kopf über den Horizont erhoben, erwachte ich aus tiefem Schlaf. Ich zog meine Safarikleidung an, hängte mein Messer und meinen Revolver links und rechts an den Gürtel, und mit einem Schwung war ich aus dem Zelt. Draußen sah ich eine riesige Herde von Löwen und Löwinnen, hundert oder vielleicht auch zweihundert Tiere, das weiß ich nicht mehr so genau. Die Löwen waren so groß wie Ochsen und hatten dicke, lange Schwänze; wurde ein Mann von einem solchen Schwanz getroffen, wurde er zu Boden geschleudert, wie stark er auch sein mochte. Ohne Übertreibung, verehrte Gäste, ich erzähle euch nur die Wahrheit, und jetzt hört bitte genau zu.

Als ich die Löwen sah, brüllte ich mit voller, kräftiger Stimme: ›Allah akbar, Allah ist groß!‹ Auf diese Weise versuchte ich sie zu erschrecken. Meine Stimme war laut wie der Donner, sogar die Bäume fingen an zu zittern, und der Fluß warf riesige Wellen, die über das Ufer schlugen und die ganze Insel, auf der wir uns befanden, überschwemmten. Die Löwen bekamen eine entsetzliche Angst vor mir, und alle rannten auf und davon.

Nur einer blieb stehen und guckte mich mit großen Augen stur an. Ich wußte sofort, daß dieser Löwe einer der wildesten war. Er wollte sich mit mir anlegen. Ich aber blieb so stur wie er. Ich zwinkerte mit meinem linken Auge, er zwinkerte zurück, aber mit dem rechten Auge. Ich sah ihn ernst an, er schaute mich ebenso an, beide starrten wir einander lange an und warteten. Dann begann ich ihn zu ärgern und zu provozieren und beschimpfte ihn. Es machte ihm aber nichts aus, er hatte ein dickes Fell. Ich wartete noch ein wenig, dann verlor ich die Geduld. Zack, sprang ich wie ein Adler auf ihn und packte ihn fest um den Hals. Verwundert stellte ich fest, daß er sich nicht wehrte. Statt dessen schmiegte er seinen Kopf an meinen und fing an zu schmusen. Da merkte ich, daß es sich um eine Löwin handelte. Offensichtlich war sie meinem

Charme erlegen. Kein Wunder – ich bin ja Abu al Abed! So wurde ich von einer wilden Löwin geküßt.«

Als Abu al Abed an dieser Stelle seiner Erzählung anlangte, kam der Kellner zu ihm; er werde am Telefon verlangt.

Abu al Abed war mit zwei Frauen verheiratet. Er fürchtete sie sehr, und er durfte sie nicht am Telefon warten lassen, sonst holten sie ihn aus dem Café. Rasch unterbrach er seine Erzählung, erhob sich vom Stuhl und verschwand. Nach einer halben Stunde kam er zurück; er sah erschöpft aus, seine beiden Frauen hatten am Telefon viel gezetert, denn er hatte ihnen nicht genug Geld zum Kochen dagelassen. Doch seine schlechte Laune verschwand, als er das neue Glas Tee, das ihm die Gäste spendiert hatten, auf dem Tisch sah, und er lächelte. »Wo bin ich stehengeblieben?« erkundigte er sich, und einer der Männer antwortete: »Du hattest gerade die Löwin geküßt.«

»Ach ja, das war sehr schön«, sagte er leise, nachdem er einen Schluck Tee getrunken hatte, »wir schmusten die ganze Nacht lang. Es war herrlich. Ihr Körper war so schön warm und geschmeidig. Ich hatte das Gefühl, ein Fisch zu sein, der im warmen Wasser schwimmt. Wie im Wasser der Südsee zum Beispiel.

Aber jetzt bin ich müde«, sagte Abu al Abed plötzlich, »und ich will nach Hause. Morgen werde ich euch ein neues Abenteuer erzählen.«

Allen lautstarken Protesten zum Trotz erhob sich Abu al Abed und ging.

Es regnete schon den ganzen Tag. Abu al Abed war ärgerlich und traurig zugleich. Er wollte nicht zu Hause bleiben, sondern ins Café gehen. Seine Zuhörer würden ihn vermissen. Ungeduldig saß er in der Wohnstube und sah jede Minute aus dem Fenster, ob es nicht endlich aufgehört habe zu regnen. Um sich die Zeit zu vertreiben, ging er ab und zu in die Küche. Gefüllte Weinblätter und Auberginen aß er am liebsten, doch außer einem Rest Linseneintopf fand er nichts. Seinen beiden Frauen war er lästig. Sie erteilten ihm schließlich Küchenverbot und hofften, daß der Regen endlich aufhöre und ihr Mann aus dem Haus verschwinde. Sie wollten ihre Ruhe. »Er ist wie ein Huhn«, sagten sie, »wenn er zu Hause bleibt, muß er den ganzen Tag schnabulieren.«

»Bald ist es neun Uhr abends. Und der Regen wird immer stärker. Tropfen, groß wie eine Faust«, murmelte Abu al Abed vor sich hin. »Wenn ich einen Schirm nehme, wird er vom Regen zerfetzt, und ohne Schirm ins Café zu gehen ist mir zu gefährlich, der Regen ist heute hart wie Stein. Am besten, ich nehme einen Kochtopf als Hut. Der ist aus Eisen, da kommt der Regen nicht durch. Ich muß ihn aber aus der Küche klauen, ohne daß es meine Frauen merken, sonst gibt es einen großen Krach und endet mit Prügeln. Wenn sich die beiden wieder zusammentun, ach, dann werden sie mir die Knochen brechen, das weiß ich.«

Rasch stand Abu al Abed auf und ging zur Küche. In großer Aufregung klaute er einen Topf und verließ zitternd das Haus. Erst im Café, als seine Freunde in schallendes Gelächter ausbrachen, merkte er, daß er einen Nachttopf auf dem Kopf hatte. Sofort nahm er ihn ab, doch das Lachen dauerte noch minutenlang.

Allmählich aber beruhigten sich die Kaffeehausgäste, und als Abu al Abed einen Schluck Tee getrunken hatte, um seinen

Hals anzufeuchten, war es genau neun Uhr, Zeit zum Erzählen.

»Eines Tages, verehrte Gäste, wütete ein schreckliches Feuer im Hafen von Beirut. Ganz allein löschte ich ein großes, brennendes Schiff. Die ganze Mannschaft, fünfzig an der Zahl, wurde von mir gerettet. Während ich sie noch in ein Rettungsboot verfrachtete, hörte ich plötzlich ein durchdringendes Geschrei vom Hafen. Diese Stimme erkannte ich sofort. Ich hatte sie oft im Fernsehen gehört. Es war die First Lady Nancy.

Sofort schwamm ich an Land und rannte in die Richtung, aus der das Geschrei kam. Die Ärmste war mit den Nerven fix und fertig. Ein großer Mann mit dickem Schnurrbart und breiten Schultern hatte sie fest gepackt, ihr Gesicht war schon ganz blaß.

›Hilfe, Hilfe!‹ schrie sie.

Wie besessen riß ich mein Messer aus dem Hosengürtel und rief: ›Halt, sonst ersteche ich dich, du Ganove!‹

Aber der Mann reagierte nicht. Da schoß ich mit meinem Revolver dreimal in die Luft. Der Mann erschrak zutiefst und ließ Nancy aus seinen groben Händen frei. Ich fragte höflich, wie es sich bei einer feinen Dame gehört: ›Was hat Ihnen dieser Bandit angetan?‹

›Er wollte mir meine Diamantenkette klauen.‹

Ich sagte: ›Du Hurensohn, gib der First Lady sofort die Kette zurück, bevor ich bis drei zähle. Wie kannst du es wagen, diese Frau anzugreifen! Das ist Nancy. Sie wurde von unserem Präsidenten eingeladen, um in Beirut den Grundstein für das erste Waisenhaus zu legen. Und ihr Mann hat uns mehrmals eine große Flotte mit Raketen geschickt – alles geschenkt –, damit wir hier wieder Frieden haben.‹

Der Räuber hatte ein Einsehen und gab Nancy die Juwelen wieder, ohne einen einzigen Stein zu klauen. Oh, Nancy war hocherfreut und glücklich, und aus Dankbarkeit lud sie mich ins Weiße Haus nach Amerika ein. Zuerst wollte ich nicht, aber sie bestand auf meinem Besuch. Nach langem Hin und Her nahm ich an.

›Wann kann ich kommen?‹ fragte ich.

›Nächsten Monat‹, antwortete sie freundlich, und ich sagte ihr noch, sie brauche für mich keine Bettwäsche zu besorgen, ich würde meine eigene mitbringen. Ich wolle ihr keine Arbeit machen.«

Abu al Abed trank einen Schluck Tee und fuhr mit seiner Erzählung fort.

»Amerika ist ein Riesenland, verehrte Gäste. Es hat keinen Anfang und kein Ende. Die Sonne dort macht nie ein Schläfchen, sie scheint Tag und Nacht. Die Häuser sind so hoch wie die Berge, und die Menschen so klein wie die Ameisen. Die Woche hat dort sechs Tage und das Jahr elf Monate. Die Zeit rennt vor und die Amerikaner hinterher. Beim Rennen hält jeder Amerikaner den Weltrekord, und die vielen Autos machen einen ganz verrückt. Der Amerikaner fühlt sich ohne sein Auto krank. Er verbringt mehr Zeit im Auto als in seiner Wohnung, er trinkt und ißt im Auto, er wäscht und rasiert sich im Auto, er kocht und backt sogar Kuchen im Auto, und er guckt Kino im Auto. Es ist leichter, den Amerikaner von seiner Frau zu trennen als von seinem Auto . . .

Als ich in Amerika ankam, gab es eine große, offizielle Zeremonie am Flughafen mit Militärparade und großer Musikkapelle. Ich wurde wie ein großer Politiker empfangen. Ich begrüßte Nancy, die Minister und Senatoren und stieg in den Cadillac, der für mich vorgefahren war. Für den Abend hatte Nancy eine große Cocktail-Party zu meinen Ehren organisiert.

Dennoch fühlte ich mich nicht wohl, ich hatte Sehnsucht nach der Heimat. Was mich dort gestört hat? Ich konnte keine einzige Minute allein sein, sogar in die Toilette wurde ich von Detektiven begleitet. Nancy machte sich nämlich große Sorgen um mich, es gibt so viele Attentate in Amerika. Die Detektive sagten, sie müßten aufpassen, daß ich nicht im Toilettenloch verschwinde.

Ich antwortete: ›Ich bin Abu al Abed, ich bin viel zu groß, um ins Kloloch zu rutschen.‹ Es habe viele gegeben, die noch größer als ich gewesen seien, und trotzdem seien sie in diesem Loch verschwunden, bekam ich zur Antwort.

Nicht nur in der Toilette wurde ich bewacht, sondern auch in allen anderen Räumen des Weißen Hauses. Es gab dort mehr Detektive als Bewohner. Woher hatte Nancy nur so viel Geld, alle diese Detektive zu bezahlen?

Ununterbrochen wurde ich auch von Politikern und Dienern belästigt. Die Senatoren wollten mit ihrer Anbiederung gute Beziehungen zu meinem Land weiterpflegen, die Diener wollten ununterbrochen meinen Teller und mein Glas füllen.

Dennoch muß ich unumschränkt betonen: Nancy war eine gute Gastgeberin und sehr besorgt um mich. Aber leider fehlte ihr die Gemütlichkeit. Ständig rannte sie herum, um neue Gäste zu empfangen. Keine fünf Minuten blieb sie bei mir.

Ich beschloß, mich von ihrer Hektik nicht anstecken zu lassen, setzte mich gemütlich in einen großen Ledersessel und beobachtete die Leute um mich herum. Etwas komisch fand ich sie ausnahmslos, verehrte Gäste; die hatten nämlich fast alle O-Beine, die in spitzen Lederstiefeln steckten, und auf dem Kopf trugen sie riesige Hüte, obwohl im Weißen Haus doch gar keine Sonne scheint. Und an ihren Gürteln baumelten rechts und links Pistolen, gerade so, als ob sie sich im Krieg befänden. Ich kam mir vor wie im Wilden Westen.

Ab und zu kam ein Kellner zu mir. Der war mir schon vorher aufgefallen, weil er hinter jedem mit hochrotem Kopf wie ein Dackel herrannte, dann einen tiefen Diener machte und die Gläser und Teller so füllte, daß immer etwas zu Boden fiel.

Als er mir zum dritten Mal Whisky auf meine Hose schüttete, wurde ich wütend. Ich lief zu Nancy und beschwerte mich: ›Wie können Sie hier im Weißen Haus einen ungelernten Kellner beschäftigen! Der ist doch eine Schande für Sie. Außerdem spricht er nicht einmal ein Wort Englisch!‹

Nancy nahm mich ein wenig zur Seite und antwortete beschwichtigend: ›Haben Sie bitte Verständnis. Sie haben schon recht. Das ist kein Kellner; er ist der Bundeskanzler von West-Germany. Der Herr ist sehr oft bei uns und fühlt sich als Mitglied unserer Familie. Da wir sehr oft viele Gäste haben, meint er, er müßte uns hier ein bißchen helfen.‹

So seltsam wie der Kellner war auch das Essen, verehrte Gäste. Es war reichlich, aber zum Kotzen. Auf allem schwamm eine knallrote Sauce, nach der alles schmeckte. Und das Brot war so schlabbrig! Nichts zum Beißen. Zum Glück blieb ich nicht lange in Amerika, sonst hätte ich meine Zähne verloren und ein Gebiß tragen müssen wie fast alle Amerikaner.

Alles in allem verbrachte ich eine Woche in den USA, ganz privat mit Nancy. Sie zeigte mir die herrlichen Niagara-Abfälle, den reißenden Missipipi, die zauberhaften Coca Cola Mountains und die Mickymäuse im wunderlichen Disneyland.

Nach all dem war ich fix und fertig.

Drei Stunden vor meiner Abreise hatte ich dann noch einen Termin bei Al Capone, dem Generalsekretär des Weißen Hauses. Man sagt, er sei tot, aber das stimmt nicht. Er hat immer noch das erste und das letzte Wort im Weißen Haus. Keiner kann dort eine Entscheidung treffen ohne seine Genehmigung. Trotz seiner Vergangenheit ist Al Capone heute im Weißen Haus sehr beliebt, weil er ein wirklicher Gentleman geworden ist. Was mir an ihm imponiert hat? Während unseres Essens stürzte ihm plötzlich eine kleine Fliege in die Suppe. Der Arme verbrannte sich ohne zu zögern die Finger, um das Leben des Insekts zu retten; er konnte es nicht sterben sehen. Wenn Al Capone so mit Fliegen umgeht, wie geht er dann erst mit den Menschen um? Er hat bestimmt ein weiches Herz. Ich verbrachte eine halbe Stunde mit ihm; in brüderlicher Stimmung sagte er zum Schluß zu mir: ›Ich habe von Nancy über Ihre Heldentat gehört. Wie wäre es, wenn Sie bei uns im Weißen Haus blieben? Ich möchte Sie engagieren.‹

›Ich verreise ab und zu sehr gerne‹, antwortete ich, ›auf Dauer möchte ich aber in meiner Heimat leben.‹

Al Capone war sehr wütend auf mich, ich aber ließ mich nicht beeindrucken.

Und so kehrte ich nach Beirut zurück, zu euch, verehrte Gäste.

Aber jetzt bin ich müde und will nach Hause. Doch morgen werde ich euch ein neues Abenteuer erzählen.«

Und so verabschiedete sich Abu al Abed von seinen Zuhörern und ging nach Hause.

In dieser Nacht hatte Abu al Abed nicht eine einzige Minute schlafen können. Zu sehr war er damit beschäftigt, ein neues, unterhaltendes Abenteuer für seine Freunde und Bekannten zu erfinden. Doch solange er auch darüber nachdachte, ihm fehlte die zündende Idee. Was sollte er nur tun, wenn er morgen abend ins Café käme? Der Kaffeehausbesitzer würde ärgerlich über einen phantasielosen, die Gäste langweilenden Erzähler sein und ihn nicht mehr zum Tee einladen. Abu al Abeds Abenteuer hatten bisher viele Gäste angelockt, wenn sie sich aber nicht mehr amüsierten, würden sie ein anderes Café aufsuchen, wo es einen besseren Erzähler gab. Abu al Abed beschloß, an diesem Tag in seinem Garten auf einen Apfelsinenbaum zu klettern; dort oben würde er beim Nachdenken bestimmt nicht von seinen Frauen gestört werden.

Es war Frühling, und der Apfelsinenbaum war voller Blüten, die einen herrlichen Duft verströmten. Abu al Abed saß auf einem Ast, ließ die Beine herabbaumeln wie ein Kind und bewunderte, was ihn umgab: den Himmel, die Vögel, die Schmetterlinge, die Eidechsen und die vielen ineinandergeschachtelten bunten Häuser. Fast vor jedem Fenster oder Balkon hing Wäsche in zahllosen Farben und Mustern.

Es vergingen die Stunden, die Sonne stand schon hoch am Himmel, und noch immer fiel Abu al Abed keine Geschichte ein. Aus Langeweile begann er zu zählen. Mal zählte er die Häuser, mal zählte er, wie viele Blüten am Apfelsinenbaum wuchsen, oft verzählte er sich und fing dann wieder von neuem an: »Wenn alle Blüten am Baum bleiben, dann werde ich reich«, sagte er sich, »das Geld, das mir mein Schwiegersohn monatlich überweist, werde ich zurückzahlen, jeder meiner beiden Frauen werde ich ein Kleid und ein Paar Schuhe schenken, und meine sieben Töchter werde ich mit goldenen Armbändern belohnen und jeden meiner sieben

Söhne mit einem Pferd. Die Farbe des Fells können sie sich selbst aussuchen. Dann werde ich allen Kindern unseres Viertels eine Tafel Schokolade und einen Lutscher spendieren, und wenn dann noch Geld übrigbleibt, kauft sich Abu al Abed ein weißes Hemd, eine schwarze Pumphose und einen roten Fez.«

So verging der Tag, und der Abend kam. Abu al Abed träumte von seinem Glück. Er war tief in Gedanken versunken, als er plötzlich erschrocken aufwachte. Seine beiden Frauen riefen ihn: »Du sollst dich nicht im Baum verstecken, du Affe, komm sofort runter, du mußt uns noch Brot vom Bäcker holen und Gemüse und Obst einkaufen. Du gehst nicht eher in dein Café, bevor du uns nicht alles geholt hast.«

»Heute werde ich keinen Finger rühren«, antwortete Abu al Abed, »ich bleibe den ganzen Abend im Apfelsinenbaum sitzen.«

»Bist du verrückt geworden, Mann? Komm sofort runter, sonst knallt's, und wir holen dich vom Baum schneller als du denkst«, rief die eine Frau, und die andere hatte schon eine Leiter geholt, um hinaufzuklettern.

In diesem Augenblick strömten viele Menschen in den Garten. Es waren Abu al Abeds Zuhörer; bis neun Uhr hatten sie im Café gewartet und sich Sorgen um ihn gemacht. Doch als sie ihn auf dem Baum sitzen sahen, waren sie beruhigt. Sie baten ihn, eine neue Geschichte zu erzählen. Die beiden Frauen aber hätten alle diese Männer am liebsten rausgeworfen, was ihnen jedoch nicht gelang. So schlossen sie einen Kompromiß: Abu al Abed sollte seine Erzählung kurz fassen, damit er noch rechtzeitig die Lebensmittel aus dem Basar holen könnte.

Abu al Abed rief seinen Frauen aus dem Baum zu: »Kocht Kaffee und Tee für unsere Gäste, wie es sich gehört.«

»Wir haben schon unseren Tee getrunken, bevor wir hierherkamen«, rief einer aus der Menge.

»Dann holt wenigstens mir einen Tee, ich bin schon fast verdurstet.«

Abu al Abed warf eine Schnur herunter. Die Besucher sollten das Glas Tee fest anbinden, und er würde es dann hochziehen. Sie machten, was er ihnen befohlen hatte, holten Tee aus dem Haus und beobachteten neugierig, wie das Glas Tee zwischen den Zweigen verschwand.

Dann bildeten die Männer einen Kreis um den Apfelsinenbaum, um mit begierigen Ohren das neueste Abenteuer des Abu al Abed zu hören. Nachdem dieser einen Schluck Tee getrunken hatte, um seinen trockenen Hals anzufeuchten, fing er zu erzählen an.

»Eines Tages, verehrte Gäste, es war im Monat November, wachte ich aus dem Schlaf auf und war in einen Hahn verwandelt. Zuerst bekam ich einen Schreck, dann gewöhnte ich mich an meinen neuen Körper und sagte mir: ›Was Besseres kann dir nicht passieren, Abu al Abed, ab heute brauchst du nicht mehr zu arbeiten, täglich bekommst du dein Futter, und um dich herum sind viele Hühner, die du beglücken kannst.‹

Ich sah sehr gut aus, hatte schwarz-rot gestreifte Federn und einen großen Schwanz, der mehr als einen Meter lang war.

Du bist besser dran als ein König, sagte ich mir. Von heute an hast du große Macht über all deine Hühner und keine Feinde mehr unter deinesgleichen, die sie dir abnehmen könnten.

Die Menschensprache beherrschte ich noch gut.

Da kamen beide Frauen, die mir das Frühstück ins Schlafzimmer bringen wollten. Sie fanden mich jedoch nicht mehr, sondern sahen einen Hahn unter der Bettdecke liegen. Da erschraken sie sehr, fielen in Ohnmacht und wollten nicht mehr aufstehen.

Doch nach längerer Zeit kamen sie wieder zu Bewußtsein, rannten zum Arzt und erzählten meinen Fall. Der Arzt sagte:

›Wenn Sie mir genügend bezahlen, gebe ich Ihrem Mann eine Spritze, die ihn sofort in einen Menschen zurückverwandeln wird.‹

Meine Frauen gaben ihm ihre einzigen Goldarmbänder. Als ich den Arzt sah, schrie ich so laut ich konnte, er solle sofort mein Haus verlassen, niemals im Leben hätte ich einen Arzt gebraucht.

Die meisten Ärzte sind Halsabschneider, verehrte Gäste. Sie wollen den Patienten nur das Geld abknöpfen und die eigenen Taschen dickmachen. Die wenigsten Ärzte sind gut. Leider ist das so. Noch einmal rief ich laut: ›Er soll sofort aus meinem Haus verschwinden, sonst hole ich meine Schwiegermutter. Sie hat genügend Erfahrung mit Ärzten und weiß, welche Sprache sie verstehen.‹ Und ich rief: ›Gebt dem Arzt kein Geld, er ist ein Schwindler, er wird mir nur weh tun und nicht helfen, ich möchte gern ein Hahn bleiben. Ich möchte das Leben der Hühner erforschen und sehen, ob sie glücklicher als die Menschen sind.‹

Der Arzt holte seine Spritze und näherte sich mir. Ich rannte weg und wollte das Zimmer verlassen, doch meine Frauen machten die Tür des Schlafzimmers zu und schlossen die Fenster. Über eine Stunde dauerte es, bis sie mich gefangen hatten, die ganze Einrichtung des Schlafzimmers hatte ich dabei durcheinandergebracht. Ich pickte den Arzt mit meinem Schnabel, doch es nutzte nichts: Er gab mir die Spritze.

Ich schrie wie ein Hahn am Spieß und verlor das Bewußtsein. Eine Woche lang war ich krank, und meine beiden Frauen beschwerten sich beim Arzt, daß ich noch immer ein Hahn sei, und forderten ihre Armbänder zurück. Er aber antwortete ihnen: ›Seien Sie froh, daß er noch am Leben ist, in unserem Beruf gibt es große Risiken, und wir Ärzte können nicht alles verantworten.‹ Die Armbänder gab er ihnen nicht zurück. Und das geschah ihnen ganz recht, sie hatten ja nicht auf mich gehört.

Als Hahn hatte ich kein Interesse an Geld und konnte nicht verstehen, warum sich die Menschen deswegen bekriegen. Ich sagte meinen beiden Frauen, daß sie mich bei sich behalten sollten. Sie antworteten, die Wohnung sei zu klein und sie könnten keinen Hahn frei rumlaufen lassen. Aber ich wollte ja auch gar nicht in der Wohnung frei rumlaufen. ›Bitte, baut mir im Garten einen gemütlichen Stall und kauft ein Dutzend gesunder Hühner, damit ich unter meinesgleichen leben kann. So habt ihr jeden Tag frische Eier. Ihr braucht auch nicht mehr für mich zu kochen, ich werde wie die Hühner Körner fressen.‹

Am nächsten Tag bauten sie mir im Apfelsinengarten einen schönen Stall neben dem Rosenstrauch und dem Jasmin, und auf dem Basar kauften sie ein Dutzend preiswerter Hühner von verschiedener Rasse und Größe. Seit diesem Tag lebte ich unter meinesgleichen. Das Leben war abwechslungsreich, und ich war König im Stall. Jeden Morgen rief ich Kikeriki, und mit diesem Gesang weckte ich die Hühner. Schnell stellten sie sich vor mir auf und wackelten mit den Köpfen und Hintern. Manche von ihnen hatten sich vorher geschminkt, manche nicht. Alle wollten sich bei mir beliebt machen, mir aber gefielen die ungeschminkten Hühner, und ich beglückte sie jeden Tag.

Ich war in prächtiger Verfassung, denn ich mußte nicht arbeiten. Mir standen alle meine Kräfte zur Verfügung. Wie oft stritten sich doch die Hühner um mich. Das machte mir viel Spaß und gab mir Bestätigung, meine Eitelkeit wurde immer größer.

Auch um mein Essen brauchte ich mich nicht zu kümmern. Meine beiden Frauen brachten mir täglich die besten Körner zum Picken. Mit der Zeit wurde ich immer dicker und kräftiger. Ich war der stärkste und beliebteste Hahn des ganzen Viertels, verehrte Gäste, und die Frauen redeten über mich und staunten, was für ein ungewöhnlicher Hahn ich sei; ich nahm an zahlreichen Hahnenkämpfen teil und gewann viele Preise. Doch mit der Zeit wurde mir all das zu langweilig. Ich beschloß, Gedichte zu schreiben, um mein Leben sinnvoll zu gestalten, und es gelang mir, schöne, geistvolle Verse zu schöpfen. Ich schrieb sie in der Hühnersprache. Allmählich hatte ich eine große Gedichtsammlung beieinander, und abends trug ich meine Werke den Hühnern vor. Sehr interessiert hörten sie zu, und sie verehrten mich sogar noch mehr als früher. Statt früh schlafen zu gehen, blieben sie bis Mitternacht wach. Das aber ärgerte meine beiden Frauen, weil wir einen großen Krach machten. Die Nachbarn beschwerten sich, doch das störte uns nicht, wir gingen auch weiterhin nicht vor Mitternacht schlafen.

Das erste Jahr als Hahn gefiel mir sehr, und ich fühlte mich wohl. Doch allmählich wurde es, wie gesagt, langweilig, immer im gleichen Stall zu leben, immer die gleichen Körner zu fressen und immer mit den gleichen Hühnern zu tun zu haben. Ich wurde so dick, daß ich mich nicht mehr bewegen konnte, saß nur noch im Stall und fraß. Zu nichts hatte ich mehr Lust. Morgens konnte ich nicht mehr Kikeriki singen, ich litt unter starken Depressionen, verehrte Gäste, und es machte mir auch keinen Spaß mehr, Gedichte zu schreiben.

Meine beiden Frauen merkten, daß es mir schlecht ging. Sie vermuteten, daß ich krank sei, und beschlossen, mich bald zu schlachten. Die Hühner legten keine Eier mehr, und das war für meine Frauen der letzte Beweis, daß es mit mir zu Ende ging; sie hatten völlig vergessen, daß ich ihr Mann war.

Sie beschlossen, mich am Sonntag zu kochen und ein kleines Fest zu machen, zu dem sie ein paar Verwandte einluden. Nach meinem Tod wollten sie einen jungen Hahn besorgen, damit die Hühner wieder Eier legten.

Ich konnte nicht mehr in der Menschensprache reden, sonst

hätte ich ihnen gesagt, daß sie mich nicht schlachten sollten. Wie also sollte ich ihnen beweisen, daß ich ihr Mann war?

Ich hörte sie bereits das Messer schleifen und sah, wie sie das Feuer schürten und einen großen Topf abwuschen. Sie kamen zum Stall und öffneten die Tür. Schnell versteckte ich mich zwischen den Hühnern und bat sie um Hilfe. Sie aber waren gemein zu mir und sagten: ›Du bist doch der Hahn, du mußt uns schützen, du hast vor uns immer den großen König gespielt, du warst immer der große Held, und jetzt bist du wie eine Maus. Wir können dir leider nicht helfen und dich verstecken.‹

Ich war sehr enttäuscht von meinen Hühnern und wütend und böse auf sie: Man kann sich nicht mehr auf sie verlassen, dachte ich. Als ich noch stark und kräftig war, gehorchten sie mir und bewunderten mich. Sie verehrten mich wie einen König und zankten sich, weil sie alle mit mir verbunden sein wollten. Ich machte sie glücklich und beschützte sie, las ihnen schöne Gedichte vor und liebte sie alle. Und jetzt verraten sie mich und lassen mich sterben. So eine Enttäuschung habe ich in meinem ganzen Leben nicht erlebt, alles ist vorbei, meine Stunde ist gekommen.

Ich bereute, ein Hahn zu sein, so ein Leben war nichts für mich.

Es dauerte nicht lange, bis meine beiden Frauen mich gefangen hatten und das Messer an meinen Hals setzten. Da fing ich an, so laut zu schreien, daß mich alle Nachbarn hörten und Mitleid mit mir bekamen.

Gott sei Dank war das alles nur ein Traum, verehrte Gäste, aber krank war ich dennoch danach. Der Traum hatte mich nachdenklich gemacht, und ich bereute, ein Hahn zu sein.

Aber jetzt bin ich müde und will schlafen gehen, und morgen werde ich euch ein neues Abenteuer erzählen.«

Mit diesen Worten kletterte Abu al Abed vom Apfelsinenbaum und ging ins Haus.

Sehr früh am nächsten Tag kam der Kaffeehausbesitzer zu Abu al Abed gerannt, aufgeregt und nervös. Abu al Abed sonnte sich gerade auf dem Dach seines Hauses.

»Ich muß dringend mit dir sprechen, komm bitte schnell runter«, rief der Kaffeehausbesitzer.

Aber Abu al Abed ließ sich nicht stören und rief hinunter: »Wenn du mich brauchst, dann komm doch zu mir rauf.«

Der Kaffeehausbesitzer ärgerte sich, daß er die wacklige Leiter hochklettern mußte. Er war sehr dick und hatte Angst, sie könnte brechen.

»Was zitterst du«, fragte Abu al Abed höhnisch, »die Leiter ist stark genug, und wenn sie bricht, hast du deine ewige Ruhe.«

»Du Schwein, du Miststück, du unverschämter Hund, machst du dich über mich lustig? Ich habe keine Angst, ich komme ja schon.«

Vorsichtig kletterte er hinauf, und bei jeder Stufe betete er, weil die Leiter mal nach links, mal nach rechts schwankte. Klopfenden Herzens und schweißgebadet erreichte er endlich das Dach. »Wieso bist du eigentlich so gemein zu mir? War ich ein einziges Mal geizig, hast du nicht jeden Tag zwei Tassen Tee umsonst gekriegt? Hast du nicht manchmal kostenlos eine Wasserpfeife bekommen? Und aus Dankbarkeit schikanierst du mich. Warum tust du mir das an?«

»Was tue ich dir an?« fragte Abu al Abed überrascht.

»Meine Gäste hast du mir weggeholt, du Miststück, deinetwegen habe ich gestern keinen einzigen Piaster verdient.«

Abu al Abed lachte vor sich hin: »Es ist nicht mein Fehler, ich habe deine Gäste nicht aus dem Café geholt, sie sind freiwillig zu mir gekommen.«

»Aber warum hast du sie nicht ins Café zurückgeschickt?«

»Ich kann die Freunde nicht rausschmeißen, wenn sie zu mir kommen, ich bin ein guter Gastgeber. Du mußt dafür doch Verständnis haben, du bist ja selbst ein Gastwirt.«

Zum erstenmal spürte Abu al Abed, wie wichtig seine Anwesenheit im Café war, und da wollte er auch was verdienen. Statt sich mit einer Tasse Tee oder Kaffee zu begnügen, wollte er fortan ein paar Geldscheine sehen.

»Na gut«, sagte er und klopfte auf die Schulter des Kaffeehausbesitzers, »morgen abend werde ich zu dir kommen, aber vorher möchte ich sicher sein, daß ich für meine Arbeit etwas Geld bekomme.«

»Was? Bist du verrückt geworden, willst du mich ruinieren?« rief der Kaffeehausbesitzer erschrocken. »Woher soll ich denn das Geld nehmen?«

»Aus der Tasche«, antwortete Abu al Abed.

»Das geht nicht.«

»Dann bleibe ich zu Hause.«

»Aber sei doch vernünftig, Abu al Abed, versetz dich doch mal in meine Lage. Ich habe viele Kosten, muß die Miete rechtzeitig bezahlen und Wasser und Strom, muß das Auto finanzieren und noch vieles andere mehr.«

»Das interessiert mich nicht, es ist schon gut. Ich will meine Zeit nicht mit dir vergeuden. Entweder du zahlst, oder ich bleibe zu Hause.«

»Wieviel willst du denn?«

»Von neun bis zehn Uhr ist es eine Stunde. Für diese Stunde will ich fünf Pfund und für jede Überstunde zehn Pfund. Das fordere ich von dir, und dazu vier Tassen Tee oder Kaffee täglich.«

»Gibt es keine Ermäßigung für gute Freunde?«

»Leider nicht.«

»Sei doch vernünftig, Abu al Abed, ein Pfund pro Stunde werde ich dir zahlen können, aber nicht mehr.«

»Dann such dir einen anderen Märchenerzähler und belästige mich nicht mehr. Ich habe dir meinen Preis genannt, und dabei bleibt es.«

Der Kaffeehausbesitzer überlegte eine Weile, dann sagte er: »Ich werde großzügig sein, aber eins muß ich dir sagen: Du mußt immer pünktlich erscheinen, lieber etwas früher als später, und du darfst niemals krank- oder blaumachen. Ich möchte nicht hören, daß es geregnet oder geschneit hat. Das sind meine Bedingungen, Abu al Abed.«

»Bekomme ich auch jeden Tag vier Gläser Tee oder Kaffee umsonst?«

»Zum Teufel mit deinem Tee, meinetwegen, aber Schluß jetzt mit den Forderungen.«

»Einverstanden«, sagte Abu al Abed, träufelte etwas Parfum auf die Hände, verrieb es auf seinem Gesicht, um sich zu erfrischen, und grinste.

Am nächsten Tag, Punkt neun Uhr abends, betrat Abu al Abed das Café. Er begrüßte die Gäste und setzte sich auf seinen Hocker, der auf einem Podest stand. Nachdem ein Kreis gebildet war und Ruhe herrschte, trank Abu al Abed einen Schluck Tee, um seinen Hals anzufeuchten, und fragte dann wie immer: »Wo war ich das letzte Mal stehengeblieben?«

Einer der Gäste antwortete: »Als du ein Hahn warst und deine beiden Frauen dich geschlachtet hatten, weil du keine Eier mehr legtest.«

»Ach ja, diese Geschichte ist schon zu Ende. Heute werde ich euch, verehrte Gäste, ein neues Abenteuer erzählen:

Eines Tages kam ein Freund zu mir und sagte: ›Abu al Abed, du hast in vielen Berufen gearbeitet und viel Geld verdient und dann wieder verloren. Du hast viele Länder bereist, viele verschiedene Rassen, ob Mensch und Tier, kennengelernt und mit ihnen Freundschaft geschlossen. Einmal bist du Sultan gewesen, einmal Derwisch, einmal warst du Königsbote, ein anderes Mal wieder Schafschmuggler, dann wiederum Leibwächter eines berühmten englischen Insektenforschers.

Wie wär's, wenn du dieses Mal nach Deutschland gehen würdest, um dort Fuß zu fassen. Viele unserer Landsleute sind ja ausgewandert; die einen nach Südafrika, wo sie Gold geschürft haben, die anderen in den Kongo, wo sie Diamanten suchten; andere wiederum sind in die USA emigriert und dort vom Tellerwäscher zum Millionär aufgestiegen.

Du hast viele Kenntnisse von Tieren und eine Menge Erfahrung. Die Deutschen lieben ihre Hunde mehr als ihre Kinder. Die Hunde werden von den Deutschen verhätschelt und verwöhnt, deshalb sind die Hunde auch meistens krank. Als Hundearzt würdest du dort sicher mehr als Rockefeller verdienen. Was hältst du davon?‹

Ich, Abu al Abed, fand den Vorschlag meines Freundes sehr gut, und schon im nächsten Monat reiste ich nach Westberlin. Dort werden jährlich mehr Hunde als Kinder geboren. Kaum angekommen, bekam ich einen Studienplatz und absolvierte nach wenigen Jahren mein Examen mit ›ausgezeichnet‹. Ihr wißt ja, verehrte Gäste, es gibt keinen Menschen, der so intelligent ist wie Abu al Abed.

Am Ku'damm, der vornehmsten Geschäftsstraße Westberlins, eröffnete ich eine Tierpraxis, die mich über eine halbe Million Mark kostete. Diese Kosten hatte ich jedoch in weniger als einem halben Jahr wieder drin. Wie mir mein Freund prophezeit hatte, gab es viel zu tun. Vor lauter Arbeit fand ich keine Zeit, mein Geld zu zählen. Aber ich hatte eine tüchtige Arzthelferin, die allen Papierkram für mich erledigte. Außerdem war sie sehr bescheiden, sie arbeitete für einen Apfel und ein Ei. Mein Charme war für sie wichtiger als das Gehalt.

Aus dieser Zeit als Tierarzt werde ich euch, verehrte Gäste, jetzt ein Erlebnis erzählen.«

Abu al Abed trank einen Schluck Tee, um seinen Hals anzufeuchten, und begann:

»Ein solides deutsches Ehepaar, Mitte fünfzig, kam eines Tages in meine Praxis. Es war das Ehepaar Krause. Als die beiden mein Untersuchungszimmer betraten, heulte Frau Krause. Ihr Mann versuchte sie zu trösten: ›Beruhige dich, Schatz, Mausi wird bald wieder gesund sein. Der Doktor wird die Ursache seines Unwohlseins sicher rasch erkennen und eine entsprechende Behandlung verordnen. Nach ein paar Tagen wird die Schwellung von Mausis Bauch sicher zurückgegangen sein, und er wird wieder munter herumspringen.‹

Ich bat das Ehepaar Krause, den Hund auszuziehen. Schweigend folgten sie meiner Anordnung. Sie knüpften das gelbe Regencape auf, dann nahmen sie die zartrosa Mütze ab, dann das azurblaue Deckchen, mit dem sie Mausi gesattelt hatten. Die Prozedur dauerte länger als eine Viertelstunde, bis sie Mausi endlich, nun nackig, auf die Untersuchungspritsche legten. Sorgfältig prüfte ich erst seine Augen, dann die Zähne und die Ohren, schließlich tastete ich behutsam seinen dick geschwollenen Bauch ab. Danach machte ich mehrere Röntgenaufnahmen vom Bauch, aber auch die gaben mir keinen Aufschluß über die Erkrankung.

Etwas ratlos fragte ich das Ehepaar Krause, was sie Mausi denn so zu futtern gäben. Empört antwortete Frau Krause: ›Das Beste vom Besten, Herr Doktor. Für unseren Mausi ist uns nichts gut genug. Er bekommt täglich Lammfleisch aus Neuseeland, frisch importiert von unserem Bio-Metzger hier am Ku'damm.

Sie wissen ja, Herr Doktor, Tschernobyl und die Folgen.‹

Dann wollte ich wissen, wo das Ehepaar Krause den Hund denn gekauft hätte.

Wiederum antwortete Frau Krause: ›Mausi haben wir gefunden, Herr Doktor.‹ Und dann erzählte sie mir die folgende Geschichte: ›Vor drei Monaten, Herr Doktor, haben wir unseren Urlaub in Tunesien verbracht. Das war ein Urlaub mit vielen unliebsamen Überraschungen. Erst hatte das Charter-Flugzeug vier Stunden Verspätung, dann landeten wir in Sous und unsere sechs Koffer in Agadir. Die kamen erst drei Tage später zu uns ins Hotel.‹

›Du mußt dem Herrn Doktor auch erzählen‹, unterbrach Herr Krause seine Frau, ›daß einer der Koffer total verlorenging.‹

›Ja, ja, das stimmt, Herr Doktor‹, pflichtete Frau Krause ihrem Mann eifrig bei, ›das war ausgerechnet unser wichtigster Koffer, mit all unseren intimen Sachen. Die Koffer waren bei Neckermann versichert, aber was nutzte uns das? Mehrere Tage brauchten wir, um in Sous einigermaßen ansehnliche

Unterwäsche zu finden. Als das dann endlich erledigt war, mieteten wir uns einen Jeep, um ein bißchen die Gegend zu erkunden und die Sehenswürdigkeiten von Tunesien zu beschauen.

Eines Tages, als wir durch die Wüste fuhren, entdeckte ich am Straßenrand – es war schon ein bißchen dämmrig – einen herrenlosen Dackel, der sehr mager aussah. Ich sagte meinem Mann, er solle halten, sprang aus dem Jeep und rief: ›Mausi, du Armer, komm zu mir.‹ Er war sehr lieb und süß, Herr Doktor, er tat mir so leid. Mausi wedelte mit dem Schwanz und kam zu mir. Leider hatte ich kein Fleisch für ihn dabei, aber mein Mann hatte noch Schweizer Schokolade, die wir im Duty-free-Shop in Berlin gekauft hatten. Die Schokolade schmeckte Mausi ausgezeichnet, und er wollte noch mehr. Aber ich hatte Angst um seine Zähne, und so gab ich ihm nur eine Tafel. Mausi war sehr zutraulich, und gleich hatten wir ihn ins Herz geschlossen.

Herr Doktor, Sie verstehen sicher, zuerst habe ich auf die Tunesier geflucht, daß sie so ein süßes Tierchen einsam und allein in der Wüste zurücklassen, aber mein Mann vermutete, daß es vielleicht ein Franzose war, der sein Tier hier ausgesetzt und seinem Schicksal überlassen hatte. Schlußendlich war es mir aber egal, wer dieses arme Tier dort allein gelassen hatte. Auf keinen Fall wollten wir Mausi im Stich lassen. Und so beschlossen wir, Mausi mit nach Berlin zu nehmen. Daß das nicht problemlos über die Bühne gehen würde, hatten wir schon bedacht. Denn zu Hause, Herr Doktor, haben wir eine Katze. Sie wissen ja, daß sich Hund und Katze normalerweise nicht ganz grün sind. Aber mein Mann sagte, wir sollten es wagen – schließlich hatten wir Mitleid mit dem armen, verlassenen Tier.

Und so begannen wir mit den Vorbereitungen zum Transport. Mein Mann besorgte eine Dattelkiste auf dem Basar, bohrte Luftlöcher hinein und legte die Kiste mit Watte aus, die wir für teures Geld in einer Apotheke in Sous kauften. Schließlich sollte es Mausi während des Fluges bequem haben.

Große Sorgen hatten wir wegen der Zollbehörde in Westberlin. Sie wissen ja, Herr Doktor, die sind sehr streng dort wegen der Asylanten. Aber wir hatten uns geirrt. Nicht die Berliner, sondern die Tunesier machten Schwierigkeiten. Im Flughafen in Sous hatten sie Mausi gleich entdeckt. Aber mein Mann hat sofort reagiert und die tunesische Zollbehörde mit Bakschisch bestochen. Sie wissen ja, Herr Doktor, mit Geld ist dort alles zu erreichen. Und so war ich froh, daß Mausi mit uns fliegen konnte.

Mit Herzklopfen betraten wir unsere Wohnung. Aber als unsere Katze, ›Elefant‹ heißt sie, Mausi erblickte, rannte sie gleich auf ihn zu, und sie leckten sich gegenseitig. Da waren wir sehr erleichtert. Das werden Sie sicher verstehen, Herr Doktor, ein Stein fiel uns vom Herzen.

Da wir keine Kinder haben, hatten wir für Elefant das Kinderzimmer eingerichtet. Nachdem nun Mausi da war und die beiden sich offensichtlich gut verstanden, räumten wir das Zimmer von Elefant um, um dort Platz auch für Mausi zu machen. In der Hunde-Boutique kauften wir einen Korb, ausgelegt mit einer hübschen Plüschdecke, und Hundespielzeug.

Mausi hatte sich rasch an seine neue Umgebung gewöhnt. Das einzige Problem war, daß er überall etwas fallen ließ. Es stank bald in der ganzen Wohnung.

Leider gelang es uns nicht, ihm das abzugewöhnen. Und so beschlossen wir auf den Rat einer Freundin hin, ihn zum Hundepsychiater zu bringen. Nach mehreren Sitzungen aber kapitulierte auch der. Er gab uns nur noch den Rat, Mausi nicht allein zu lassen, er sei ein bißchen aggressiv. Herr Doktor, mein Mann und ich, wir sind beide berufstätig. Das sagten wir auch dem Psychiater. Aber der entgegnete nur, daß er keine Verantwortung übernehmen könne, wenn Mausi mit Elefant tagsüber allein bleibe.

So blieb uns nichts anderes übrig, als eine Aufsichtsperson zu engagieren. Wir fanden sie über den studentischen Aushilfsdienst. Schließlich wollten wir alles für Mausi tun. Er ist uns sehr ans Herz gewachsen.

Glücklicherweise kam die Studentin mit Mausi gut zurecht. Sie badete ihn täglich, frisierte ihn und machte ihn zurecht. Aber gerade an dem Tag, als unsere Sitterin krank wurde, mußte das Unglück passieren. Als mein Mann und ich an jenem Tag abends von der Arbeit nach Hause kamen, begrüßte uns Mausi nicht wie üblich an der Tür. Statt dessen lag er apathisch in seinem Zimmer, hatte einen dicken Bauch und konnte sich nicht bewegen. Mein Mann und ich waren sehr erschrocken. Rasch, noch vor Ladenschluß, kaufte ich Abführmittel in der Apotheke, aber das half nichts.

Da schlug mein Mann vor, Mausi einen Einlauf zu machen. Aber auch die drei Liter Wasser waren vergebens, Herr Doktor.‹

›Das waren fünf Liter Wasser‹, unterbrach Herr Krause seine Frau. ›Du mußt dem Herrn Doktor das auch richtig erzählen.‹

›Ja, das stimmt, Herr Doktor. Und nun sind wir bei Ihnen, weil wir ganz verzweifelt sind. Hat Mausi eine schlimme Krankheit? Bitte sagen Sie uns die Wahrheit, Herr Doktor, für Mausi werden wir alles tun.‹

Als Frau Krause endlich schwieg, machte ich, Abu al Abed, erneut einige Röntgenaufnahmen vom geschwollenen Bauch. Jetzt war mir alles klar.

Aber leider bin ich inzwischen müde geworden und will

nach Hause. Morgen werde ich euch, verehrte Gäste, verraten, wie die Geschichte mit Mausi weiterging.«

Und so verabschiedete sich Abu al Abed von seinen Zuhörern und ging nach Hause.

Pünktlich um neun Uhr am nächsten Abend betrat Abu al Abed das Café. Er begrüßte die Gäste und setzte sich auf seinen Hocker, der auf einem Podest stand. Nachdem ein Kreis gebildet war und Ruhe herrschte, trank Abu al Abed einen Schluck Tee, um seinen Hals anzufeuchten.

Dann fragte er wie immer: »Wo war ich das letzte Mal stehengeblieben?«

»Du warst Hundearzt in Westberlin«, antwortete einer der Gäste.

»Ja, genau, jetzt kann ich mich erinnern. Nach der zweiten Bauchaufnahme von Mausi fragte ich das Ehepaar Krause, ob sie ihre Katze ›Elefant‹ nicht vermißten.

›Ja, ja, Herr Doktor‹, entgegnete Frau Krause, ›seit gestern ist sie weg. Aber wir waren mit Mausi so beschäftigt, daß wir Elefant noch nicht gesucht haben.‹

›Ja, dann ist mir der Fall klar. Mausi hat Ihre Katze aufgefressen. Schauen Sie hier im Röntgenbild, sehen Sie, da sind einige unverdauliche Reste, hier einige Zähne, dort ein Stück vom Schädelknochen. Und nun muß ich Ihnen noch etwas sagen. Ihr Mausi ist kein Hund.‹

›Was denn sonst?‹ rief das Ehepaar Krause bestürzt wie aus einem Munde.

›Mausi ist eine Wüstenratte‹, klärte ich sie auf. ›Diese Art hat, das stimmt schon, Ähnlichkeit mit einem Dackel.‹

Als ich das sagte, fiel Frau Krause in Ohnmacht. Rasch gab ich ihr eine Wiederbelebungsspritze, und als Frau Krause zu sich kam, wollte sie mir noch immer nicht glauben. Da holte ich aus meiner Bibliothek ein Tierbuch, schlug eine Abbildung der Wüstenratte auf und zeigte sie ihr.

›Was sollen wir nun machen?‹ erkundigte sich Herr Krause.

›Am besten, ich schläfere Ihren Mausi gleich ein. Sonst wird er Ihnen weiterhin viel Ärger bereiten.‹

Frau Krause protestierte laut, aber ihr Mann blieb vernünftig und willigte ein.

›Wieviel sind wir Ihnen denn jetzt schuldig?‹ erkundigte sich Herr Krause zum Schluß.

›Wieviel Bakschisch haben Sie denn der tunesischen Zollbehörde bezahlt, um das Tier herauszuschmuggeln?‹

›Fünfhundert Mark‹, antwortete Herr Krause.

›Na gut, dann werde ich die Hälfte fürs Einschläfern nehmen. Dazu kommen aber noch:

50 Mark für die gründliche Generaluntersuchung,

100 Mark für vier Röntgenaufnahmen des Bauches,

50 Mark für die Wiederbelebungsspritze für Ihre Frau.

Das sind insgesamt 450 Mark, dazu noch die Mehrwertsteuer, das sind genau 513 Mark. Diesen Betrag können Sie gleich bar bei meiner Arzthelferin bezahlen. Sie kann Ihnen Ihre Rechnung aber auch nach Hause schicken. Dann müßten wir Ihnen noch das Porto berechnen.‹«

»In Deutschland kann man schnell reich werden«, rief einer der Zuhörer dazwischen. »Kannst du mir nicht auch eine Stelle dort besorgen? Du hast bestimmt gute Beziehungen.«

»Mach dir keine Hoffnungen«, stoppte ihn Abu al Abed. »In deinem Beruf als Scherenschleifer würdest du in Deutschland keine müde Mark verdienen. Deinen Beruf gibt es nämlich dort schon lange nicht mehr. Ich kenne viele unserer Landsleute, die so gedacht haben wie du. Fast alle wurden sehr enttäuscht. Ich habe viele Jahre in Deutschland gelebt. Wenn ich euch alles erzählen würde, was ich da erlebt habe, bräuchte ich Jahre dafür. Eines Tages werde ich euch mal von meinem Freund Sindbad erzählen, das ist aber eine längere Geschichte. Ihr werdet sie ein anderes Mal hören.«

Mit diesen Worten beendete Abu al Abed die Geschichte und trank einen Schluck Tee, um seinen Hals anzufeuchten. Es war noch Zeit für ein weiteres Abenteuer.

Aber kaum hatte er angefangen, kam der Kaffeehausbesitzer angerannt und sagte: »Du kannst jetzt keine weiteren Geschichten erzählen, wir müssen sofort das Café schließen. Die Polizei wird bald kommen wegen des Hafenarbeiterstreiks.«

»Die Polizisten sind willkommen«, antwortete Abu al Abed, »sie sind meine Freunde.«

»Kapierst du noch nicht?« rief der Kaffeehausbesitzer wütend. »Es geht um die Gewerkschaftsversammlung, die in den hinteren Räumen stattfinden soll.«

»Es wird nichts passieren, überlaß mir die Polizei, ich werde mit ihr klarkommen. Wir schließen auf keinen Fall das Café«, antwortete Abu al Abed ruhig.

»Aber falls sie die Versammlung stürmen, wird es eine Schlägerei geben. Ich habe Angst um die Tische und Stühle, sie werden bestimmt kaputtgehen. Dieses Risiko gehe ich nicht ein, verstanden?«

»Ich werde dafür sorgen, daß alles friedlich verläuft, ich bin doch Abu al Abed. Ich schwöre dir bei meinem dicken Schnurrbart, daß nichts passieren wird.«

Nach langem Hin und Her gab der Kaffeehausbesitzer nach, nicht, weil er die Gewerkschaft mochte, sondern weil sie bei ihm gut verzehrte. Er sagte zu Abu al Abed: »Aber erzähle bitte keine lange Geschichte, damit wir heute etwas früher schließen können und der Polizei keine Gelegenheit geben, mein Café zu durchsuchen.«

»Ich werde mich bemühen, mich kurz zu fassen«, antwortete Abu al Abed.

Nachdem der Kreis gebildet war und wieder Ruhe herrschte, trank Abu al Abed einen Schluck Tee, um seinen Hals anzufeuchten, und fragte: »Wo bin ich stehengeblieben?«

»Du warst Tierarzt in Berlin und hast die Wüstenratte eingeschläfert und Frau Krause wiederbelebt.«

»Ja«, erwiderte Abu al Abed, »das stimmt, diese Geschichte

ist aber schon zu Ende erzählt. Jetzt erzähle ich euch, verehrte Gäste, ein neues Abenteuer, das ich vor zwanzig Jahren erlebte.

Wie ihr wißt, bin ich oft durch die Welt gereist, weil ich ein unruhiger Mensch bin, Gott sei Dank. Den Erdenglobus habe ich mehrmals längs und quer erforscht, vom Nordpol bis zum Südpol, vom Ostpol bis zum Westpol. Alle Ecken und Krümmungen des Globus habe ich betreten, ich habe alle Menschenrassen auf dieser Erde, ob Weiße oder Gelbe, Schwarze oder Rote, kennengelernt und mit ihnen Freundschaft geschlossen. Ich habe hohe Bäume und Berge erklettert, bin in Seen und Ozeanen geschwommen, habe sogar die Sprache der Tiere gelernt und kann jetzt sagen, daß ich die Erde so gut kenne wie meine Hosentasche, meine verehrten Gäste.«

Einer der Kaffeehausgäste unterbrach Abu al Abed und rief: »Hat die Erde auch ein Loch wie deine Hosentasche?«

»Und ob die Erde ein riesiges Loch hat! In der Mitte, verehrte Gäste, dort ist die Unterwelt. Ich bin einmal aus Versehen reingerutscht, es war da sehr heiß, wie in einem Ofen, aber das hat mir nichts ausgemacht, ich bin ja Hitze gewöhnt. Ich bekam nur einen leichten Sonnenstich. Ich habe in der Unterwelt viele hübsche Frauen gesehen, darunter Marylin Monroe, die immer mit dem Po wackelte. Und all diese schönen Frauen dort blinzelten mir zu.

Die Menschen in der Unterwelt waren gleich, es gab keine Reichen und keine Armen, die Leute hatten kein Geld, und es gab auch keine Geschäfte und Attentate wie in Beirut. Man hatte dort alles, und man hatte nichts, und keiner brauchte zu arbeiten. Essen und Trinken war genügend vorhanden. Und wenn Essensreste übrigblieben, schickte man sie zu Petrus. Es gab einen Aufzug zwischen Himmel und Hölle. Im Himmel galten die gleichen Gesetze wie in der Hölle, es gab jedoch einige Unterschiede. Zum Beispiel war es im Himmel immer kalt, und die Frauen im Himmel waren längst nicht so schön wie in der Unterwelt. Ich machte einmal einen Ausflug in den Himmel, habe alles angefaßt und alles angeguckt. Aber eins will ich euch sagen, verehrte Gäste, es ist weder in der Hölle noch im Paradies schön, denn die Zeit bleibt dort stehen, und es gibt weder Winter noch Sommer. Da ist das Leben auf der Erde auf jeden Fall schöner, trotz aller Probleme, die hier jeder hat.

Also, vor zwanzig Jahren war ich bei einem Volk am Nil, dort gefiel es mir sehr gut, und ich machte viele interessante Erfahrungen. Die Männer dort arbeiten nicht wie bei uns, sondern sitzen den ganzen Tag im Café und erzählen Geschichten. Ich wäre gerne da geblieben, aber meine beiden Frauen schrieben mir jeden Tag lange Briefe: ›Komm endlich zurück, ohne dich sind wir verloren.‹ Sie drohten mit Selbstmord, falls ich nicht bald käme. Wie ihr wißt, verehrte Gäste, hat Abu al Abed ein weiches Herz, und so bin ich leider nicht lange am Nil geblieben.«

Während Abu al Abed erzählte, stürmten zahlreiche Polizisten in das Café. Sie hatten den Befehl, die Gewerkschafter zu verhaften, doch bevor sie in die hinteren Räume eindrangen, hielt Abu al Abed sie zurück.

»Wie schön, daß ihr gekommen seid, meine Geschichten zu hören«, sagte er. »Kommt bitte rein, nehmt Platz, die wichtigsten Einzelheiten sind noch nicht erzählt. Wollt ihr nicht einen trinken? Herr Ober, frag die Herren Polizisten, was sie trinken wollen, die Rechnung gibst du mir. Schon lange habe ich auf euren Besuch gewartet.«

Als die Polizisten hörten, daß sie kostenlos einen trinken könnten, nahmen sie sofort an. Sie dachten, die Geschichten des Abu al Abed würden höchstens zehn Minuten dauern, und danach wäre immer noch Zeit zur Stürmung der Gewerkschaftsversammlung. Sie setzten sich neben die Tür zu den hinteren Räumen und bewachten sie, während sie zuhörten.

Abu al Abed erzählte nicht zehn Minuten, sondern eine Stunde lang, und die Polizisten hörten ihm mit großer Spannung zu.

»Den Nil entlang krabbelten viele Krokodile. Das kleinste war mindestens zehn Meter lang. Die Krokodile am Nil haben ein Maul, groß wie ein Lastwagen, und ohne sich anzustrengen, können sie einen Elefanten schlucken, sie brauchen viel Futter. Zum Frühstück speist das Krokodil am liebsten einen Elefanten, zu Mittag einen Löwen, und abends ruht es am Ufer. Es öffnet sein Maul, und tausend Raubvögel drängen sich hinein. Die Vögel sind mit den Krokodilen sehr vertraut, sie picken ihnen die Fleischreste zwischen den Zähnen heraus und werden davon satt. Das ist auch der Grund, weshalb die Krokodile keine Zahnbürsten brauchen, und dafür sind sie den Vögeln sehr dankbar. Nun seht mal, verehrte Gäste, wie schlau die Tiere sind. Manchmal sind sie schlauer als die Menschen. Seite für Seite hatte ich in den Büchern die Wissenschaft über die Krokodile studiert, bevor ich zum Nil fuhr.

Ein englischer Insektenforscher hatte mich bereits früher als Leibwächter mitgenommen. Er wußte aus dieser Zeit, daß ich gut gegen Löwen kämpfen konnte. Seine Augen waren mit der Zeit jedoch schlechter geworden, so daß er die Tierchen nicht mehr sehen konnte. Deshalb wollte er dieses Mal einen Film über Krokodile drehen. Einen Monat lang flogen wir über die Kontinente, unser Flugzeug sah aus wie eine klapprige Kiste, oft blieb es stehen, immer wieder mußten wir schieben. Das ging ja noch, das Schlimmste aber war folgendes: Einmal merkte der Pilot während des Fluges, daß kein Benzin mehr im Tank war. Er begann zu zittern und bekam Herzklopfen. Schnell ging ich zu ihm nach vorn, denn ich merkte, daß sich die Maschine nach rechts und nach links drehte und langsam senkte.

›Bremsen!‹ schrie ich dem Piloten zu.

Er wollte versuchen, auf einem See zu landen, besser noch auf einem Meer oder in einem Ozean, fand aber kein Wasser. Wir wußten nicht einmal mehr, wo wir uns befanden, der Kompaß funktionierte nicht, und wir hatten auch keine Funkverbindung.

Der Pilot wurde immer unsicherer. Deshalb bat ich ihn, mir das Steuer zu überlassen: ›Ich werde das Flugzeug schon heil zur Erde bringen.‹

Verlegen fragte er mich, ob ich schon mal ein Flugzeug geflogen hätte. ›Natürlich‹, sagte ich, ›ich habe sogar mal einen Jumbo gestartet.‹

Er wollte meinen Flugschein sehen, ich aber sagte: ›Im Libanon braucht man nur für Autos Führerscheine, für Flugzeuge nicht. Um ein Flugzeug zu fliegen, braucht man Mut, und davon habe ich genug.‹

Der Pilot war hartnäckig und wollte mir das Steuer nicht übergeben. Als er schließlich überzeugt war, daß ich fliegen konnte, war es zu spät. Die Maschine stürzte ab, und alle waren tot, außer mir. Meine Mutter hatte mir einen Talisman um den Hals gebunden.«

Einer der Polizisten unterbrach Abu al Abed, er wollte den Talisman haben. Er sagte: »Gib mir sofort deinen Talisman, sonst erschieße ich dich.«

»Spar dir lieber deine Patrone«, antwortete Abu al Abed ruhig und leise, »ich bin auch gegen Schüsse geschützt.«

Der Polizist ärgerte sich und wollte Abu al Abed verhaften, aber das gelang ihm nicht, weil die Gäste auf seiten Abu al Abeds standen. Nun sprangen die Polizisten auf und stürmten in die hinteren Räume. Aber sie fanden niemanden mehr. Die Gewerkschafter waren längst durch die Fenster verschwunden und hatten keine Spuren hinterlassen außer leeren Flaschen und Zigarettenkippen. Die Polizisten waren sehr wütend und fühlten sich vom Kaffeehausbesitzer reingelegt. Aus Rache durchsuchten sie das Café und demolierten die Einrichtung. Der Kaffeehausbesitzer war außer sich, weil er nichts dagegen tun konnte. Besonders aber fluchte er auf Abu al Abed, er wollte ihn nie mehr sehen und ihm nie wieder Geld für seine Geschichten bezahlen.

Die Polizisten fanden im Keller des Cafés einige Kilo Kokain und Haschisch, und der Kaffeehausbesitzer wurde sofort verhaftet und ins Gefängnis abgeschleppt. Abu al Abed aber gefiel das Spektakel. Während des ganzen Trubels saß er auf seinem Hocker, rauchte seine Wasserpfeife und trank gemütlich seinen Tee. Die Kaffeehausgäste wollten hören, wie das Abenteuer am Nil weiterging, aber Abu al Abed hatte keine Lust, so spät noch weiterzuerzählen. Er schickte seine Zuhörer mit dem Versprechen nach Hause, seine Geschichte am nächsten Abend fortzusetzen, und wünschte allen einen guten Abend und guten Appetit beim Abendessen.

Nach den gestrigen Ereignissen war Abu al Abed arbeitslos. Der Kaffeehausbesitzer hatte ihm am nächsten Morgen durch einen Anwalt fristlos aus dem Gefängnis heraus gekündigt. Abu al Abed saß jetzt zu Hause und machte sich Vorwürfe: »Warum habe ich die Gefahr nicht richtig eingeschätzt? Abu al Abed, wie dumm du doch bist. Die Gewerkschafter sind frei, aber mein Arbeitgeber ist verhaftet, und ich bin ohne Arbeit.«

Abu al Abed wußte nicht, was er tun sollte. Statt herumzusitzen und sich zu ärgern, versuchte er, etwas zu finden, was ihn ablenkte. So kam er auf die Idee, seinen Frauen anzubieten, ihnen beim Haushalt zu helfen, zum Beispiel beim Putzen der Wohnung. Aber sie stöhnten entsetzt auf und verboten es ihm, beim Putzen würde er die Zimmer nur noch dreckiger machen. Da wollte er beim Kochen helfen, aber auch dieses Angebot wiesen sie zurück: »Um Gottes willen, wenn Abu al Abed uns beim Kochen hilft, wird er bestimmt das Essen versalzen.«

»Na gut«, sagte Abu al Abed, »dann will ich die Wäsche waschen und bügeln.«

»Laß bloß die Hände davon. Misch dich nicht in Frauenarbeit ein.«

»Aber was soll ich denn tun?«

»Geh in dein Café und erzähle Geschichten.«

Abu al Abed wagte nicht zu sagen, daß man ihn entlassen hatte. Etwas später drängte sich ein Haufen Leute in die Wohnung, da erfuhren die beiden Frauen dann doch, was mit ihrem Mann los war. Die Leute kamen, um ihn abzuholen, er solle mit ihnen sofort ins Café kommen. Der Kaffeehausbesitzer hatte die Polizei bestochen und war freigelassen worden. Sein Zorn war vergangen, und er hatte eingesehen, daß Abu al Abed unschuldig war.

»Er bittet dich um Verzeihung, er will dich wieder einstellen«, sagten ihm die Leute.

»Ich komme nicht, er hat mich entlassen und mich beleidigt«, antwortete Abu al Abed.

»Aber wir wollen dich! Bitte, komm mit, ohne deine Geschichten langweilen wir uns zu Tode. Wir haben uns an dich gewöhnt, du hast uns eine zauberhafte Welt voller Phantasie und Schönheit geschenkt, und keiner kann sie uns ersetzen.«

Wieder merkte Abu al Abed, wie wichtig er im Café war: »Wenn mich der Kaffeehausbesitzer braucht, soll er zu mir kommen.«

»Wir werden ihn gleich zu dir schicken«, rief da die Menge.

Am Nachmittag kam der Kaffeehausbesitzer. »Nimm Platz«, sagte Abu al Abed und gab ihm einen Hocker. Kaum saß der Gast, brach der Hocker zusammen, und der Kaffeehausbesitzer lag auf dem Boden. Abu al Abed lachte.

»Hör auf mit deinen Scherzen, du solltest dich schämen, du bist doch kein Kind mehr«, rief der Kaffeehausbesitzer und bemühte sich aufzustehen, »gib mir bitte schnell die Hand.«

»Siehst du, wie du auf meine Hilfe angewiesen bist?«

Als der Kaffeehausbesitzer aufgestanden war, fragte Abu al Abed, ob er einen Krankenwagen holen solle.

»Halt deinen Mund, ich bin bei bester Gesundheit.«

»Willst du nicht lieber sitzen, ich gebe dir einen anderen Hocker.«

»Ich werde stehen bleiben«, antwortete der Kaffeehausbesitzer.

Als er wieder zu Atem gekommen war, fragte er Abu al Abed: »Warum kommst du heute nicht ins Café?«

»Du hast mir doch gekündigt.«

»Ich war etwas wütend und außer mir. Nimm das nicht so ernst.«

»Ich habe es aber ernst genommen. Also, du willst, daß ich wiederkomme? Na gut. Ich habe aber eine neue Forderung: fünfzehn Prozent Erhöhung, sonst bleibe ich zu Hause.«

»Was? Bist du wahnsinnig geworden? Ich gebe dir keinen einzigen Piaster mehr. Ich muß deinetwegen mehr als zehntausend Pfund Schaden bezahlen, und du besitzt die Frechheit und willst noch mehr Geld von mir. Ich dachte, du würdest ab heute wieder umsonst arbeiten. Glaubst du, ich habe das Geld auf der Straße gefunden?«

»Keine Aufregung, immer mit der Ruhe«, antwortete Abu al Abed. »Ich werde also zu Hause bleiben und einige Umbauten vornehmen. Offen gesagt, ich werde meine Wohnung zu einem Café umbauen, und du kannst bald deinen Laden schließen.«

Das sagte Abu al Abed sehr bestimmt. Der Kaffeehausbesitzer erschrak, sein Gesicht wurde blaß. Er überlegte einen Augenblick und sagte: »Sei vernünftig, Abu al Abed, vergiß nicht, daß wir gute Freunde sind. Zehn Prozent Erhöhung kann ich verkraften, aber mehr nicht.«

»Schade«, antwortete Abu al Abed ernst, »ich mag nicht handeln, ich habe feste Preise, du müßtest mich doch schon kennen.«

»Du nutzt immer meine Großzügigkeit und mein weiches Herz aus und diktierst mir deinen Preis. Gut, Abu al Abed, ich werde fünfzehn Prozent geben, wie du es gewünscht hast, und morgen erwarte ich dich pünktlich im Café.«

Damit verabschiedete sich der Kaffeehausbesitzer und ging.

Am nächsten Abend kam Abu al Abed Punkt neun Uhr ins Café. Er hatte sich besonders schick angezogen, trug neue rote Schuhe, eine schwarze Pumphose, ein weißes Hemd, eine schwarze, bestickte Weste und auf dem Kopf einen roten Fez, der mit Rosen und Jasmin geschmückt war, als ob heute Hochzeit sei. Die Stammgäste freuten sich sehr, als sie Abu al Abed sahen. Er hatte sie nicht im Stich gelassen.

Abu al Abed begrüßte die Leute und nahm auf seinem

Hocker Platz. Der Kellner brachte ihm ein Glas frischen Tee und eine Wasserpfeife. Nachdem der Kreis gebildet und Ruhe eingetreten war, trank Abu al Abed einen Schluck Tee, um seinen Hals anzufeuchten, dann fragte er seine Zuhörer wie immer: »Wo war ich das letzte Mal stehengeblieben?«

Und einer der Zuhörer antwortete: »Das Flugzeug war abgestürzt, und als einziger warst du am Leben geblieben.«

»Genau«, antwortete Abu al Abed, »ich kann mich erinnern. Wie soll ich euch dieses Abenteuer zu Ende erzählen? Also, verehrte Gäste, wie ich beim letzten Mal berichtete, sprang ich rechtzeitig aus der Maschine, bevor es krachte, und fand mich auf der Spitze eines eisbedeckten Berges wieder. Zum Glück war der Schnee dort oben weich wie Watte. Deshalb wurde ich auch nicht verletzt. Aber bald begann ich zu frieren, ich trug ja nur sehr dünne Kleider. Ich sagte mir: Abu al Abed, du hast dich geirrt. Du befindest dich nicht am Nil, sondern auf einem Berg im Himalaja, besorg dir schnell dicke Kleidung, bevor du erfrierst und deine Leiche Futter für die Raubvögel wird. So zu sterben, hast du nicht verdient.

Also, verehrte Gäste, ich stand schnell auf und schaute mal links, mal rechts, um herauszufinden, wohin mich der Teufel geschmissen hatte. Ich sah nichts als eisbedeckte Berge und Schnee, das ganze Land war bis zum Himmel hinauf mit einem dicken, weißen Teppich bedeckt. Der Wind war eiskalt und heulte wie eine Sirene. Weder Mensch noch Tier waren zu sehen. Zum erstenmal in meinem Leben spürte ich Angst, und ich mußte, so schnell es ging, aus der Hose. Ich versuchte, sie auszuziehen, aber es gelang mir nicht, meine Finger waren gefroren. Dann ging's schon in die Hose, und ich begann laut auf den englischen Expeditionsleiter zu fluchen, doch der war tot und konnte mich nicht hören; dann fluchte ich auf den Piloten, aber auch der war tot. Ich wußte nicht mehr, auf wen ich fluchen sollte, die ganze Mannschaft war ums Leben gekommen. Da dachte ich: Besser für die toten Seelen beten, vielleicht bringt dir das Glück. Ich begann zu beten, aber auch das half nichts. Schließlich schrie ich, so laut ich konnte, als ob hier jemand hätte sein können, um mich zu hören.

Plötzlich wurde es dunkel, und ich hörte Wölfe heulen. Ich beruhigte mich: ›Ich bin wenigstens nicht allein auf diesem Eisberg.‹ Ich hatte keine Angst vor den Wölfen, denn ich beherrsche ihre Sprache. Ich schrie ihnen zu, daß ich Hilfe benötigte. Sie waren erstaunt, als sie meine Stimme hörten, glaubten wohl, ich sei ein Geist oder ein Gespenst. Schließlich kamen sie näher, und einer von ihnen fragte mich, was ich hier täte. ›Ich bin mit einem Flugzeug abgestürzt, und seit einigen Stunden sitze ich auf der Spitze dieses eisbedeckten Berges und schaffe es nicht, allein runterzukommen. Der Berg ist sehr steil, ich brauche unbedingt eure Hilfe, Kameraden.‹

Die Wölfe waren sehr schlau. Ich brauchte ihnen nicht zu sagen, was sie zu tun hatten. Einer stieg auf den anderen, und mit ihren Körpern bauten sie eine Pyramide, von der ich wie auf einer Treppe herabsteigen konnte.

Auch unten hatte ich keine Angst vor den Wölfen. Ich grüßte sie freundlich, wie es sich gehört, und schüttelte jedem die Pfote. Ich war ihnen sehr dankbar, denn sie hatten mein Leben gerettet. An diesem Abend schloß ich mit ihnen ewige Freundschaft.

›Wenn ihr jemals Hilfe braucht‹, sagte ich ihnen, ›dann kommt zu mir nach Beirut, dort bin ich sehr bekannt. Ich habe viele Freunde und gute Beziehungen. Ich brauche euch den Namen der Straße nicht aufzuschreiben, denn in Beirut kennt mich jeder: die Kinder und die Vögel, die jungen und die alten Leute, die Bäume und die Tauben, die Hunde und die Katzen.‹

Die Wölfe waren hocherfreut, daß ich so bekannt war und daß sie die Ehre hatten, einen so bedeutenden Mann wie mich zum Freund zu haben. Sie luden mich ein, bei ihnen zu übernachten, und ich nahm ihre Einladung an. Ich schlief mit den Wölfen in einer Höhle, und ihr Atem wärmte mich.

Am nächsten Tag fragte ich einen von ihnen: ›Wo bin ich hier eigentlich?‹

Einer der Wölfe antwortete: ›Wir sind hier an den Quellen des Nils. Wir können dir ein Boot geben, mit dem du dich auf den Weg machen kannst.‹

Ich nahm ihr Angebot an, und mit einem Küßchen verabschiedete ich mich von den Wölfen, schob das Boot ins Wasser und begann, den Fluß hinabzurudern.«

Mit diesen Worten beendete Abu al Abed seine Erzählung. Die Kaffeehausgäste wollten noch ein anderes Abenteuer hören, aber es war schon zehn Uhr, und Abu al Abed machte Feierabend. Mit Mühe und Not gelang es ihm, das Café zu verlassen, mit dem Versprechen, am nächsten Abend mehr zu erzählen.

Um neun Uhr pünktlich am nächsten Abend betrat Abu al Abed wieder das Café. Er begrüßte die Gäste und setzte sich auf seinen Hocker. Nachdem der Kreis gebildet war und Ruhe herrschte, trank Abu al Abed einen Schluck Tee, um seinen Hals anzufeuchten, und fragte wie immer: »Wo war ich das letzte Mal stehengeblieben?«

Einer der Gäste antwortete: »Du hast dich an der Quelle des Nils von den Wölfen verabschiedet und bist dann von dort nach Beirut gerudert.«

»Genau, diese Geschichte ist aber schon zu Ende. Heute werde ich euch, verehrte Gäste, von der letzten Reise Sindbads erzählen.

Zu der Zeit, als ich Tierarzt in Westberlin war, meldete mir meine Arzthelferin eines Tages Sindbad den Seefahrer an. Oh, ich war sehr erstaunt, daß dieser berühmte Mann zu mir persönlich kam, denn ich glaubte wie jedermann, daß er schon vor ein paar tausend Jahren gestorben wäre. Wir kennen ihn ja nur noch aus Märchenbüchern.

Jedenfalls dachte ich, was macht denn Sindbad der Seefahrer in Westberlin? Sucht er nach neuen Schätzen, oder will er neue Abenteuer erleben? Ich ließ meine Kundschaft mit ihren Tieren, die dichtgedrängt im Wartezimmer hockten, warten und forderte meine Helferin auf, Sindbad sofort hereinzuführen.

Rasch zog ich einen frisch gewaschenen und gebügelten neuen weißen Kittel über und setzte meine Brille auf. Dann stopfte ich meine Pfeife mit dem besten englischen Tabak und ließ mich in meinem Ledersessel hinter meinem großen Schreibtisch nieder. Ich wollte einen guten Eindruck machen – schließlich war ich ja der berühmteste Tierarzt in Westberlin. Sicher war er deshalb zu mir gekommen. Außerdem freute ich mich auf den Besuch eines arabischen Bruders, denn – ihr wißt ja, verehrte Gäste – Sindbad kommt aus Bagdad.

Sindbad ist, wie ihr wißt, unermeßlich reich, und so kam mir der Gedanke, daß er mich vielleicht aufsuchte, damit ich mit meinen Beziehungen den Erwerb einiger Hochhäuser, Grundstücke, Hotels und Restaurants in der Stadt vermittle. In Westberlin wird nämlich jeder Kauf eines Grundstücks oder Gebäudes vom Staat subventioniert, damit die Stadt nicht ausstirbt. Mitten durch die Stadt geht übrigens eine hohe Mauer; die Mauer haben die Westberliner selbst gebaut, damit die Bewohner des anderen Teils der Stadt nicht sehen können, wie reich Westberlin ist.

Das ist eine hervorragende Gelegenheit auch für mich selbst, dachte ich. Natürlich werde ich Sindbad meine Kontakte zu den Behörden zugute kommen lassen. Aber ich werde auch eine ansehnliche Vermittlungsgebühr von meinem Bruder verlangen. Ihr wißt ja: Eine Hand wäscht die andere, und von nichts kommt nichts. Schließlich müssen wir Ärzte ja auch leben.

Da hörte ich ein zaghaftes, leises Klopfen an meiner Tür. Rasch erhob ich mich, um meinen Gast zu begrüßen. Ich erblickte einen Mann, vielleicht Anfang fünfzig, mit breiten Schultern und kurzen Beinen, dickem Schnurrbart und schwarzen Haaren. Er trug ein schon etwas älteres, graues Sakko, und die Beine steckten in zu eng geratenen, braunen Tweed-Hosen. Ich war sehr überrascht, denn schließlich erwartete ich einen eleganten Herrn mit Diamantringen und seidenem Kaftan.

Der Herr bemerkte mein Erstaunen und sagte mir: ›Ich muß Sie enttäuschen. Sicher haben Sie geglaubt, ich sei der reiche und berühmte Sindbad der Seefahrer aus dem Märchen. Ich aber bin Sindbad der Luftfahrer. Ich bin wie mein Namensvetter viel gereist, aber reich bin ich dabei nicht geworden. Mein einziges Vermögen, das ich bisher besaß und das mir sehr lieb war, habe ich leider im Grunewaldsee verloren.‹

Ich war verdutzt: ›Wie bitte? Im Grunewaldsee verloren? Was haben Sie denn verloren?‹

›Das ist eine lange Geschichte. Aber zuerst brauche ich einen Impfpaß für meinen Esel. Bitte helfen Sie mir.‹

Wieder war ich erstaunt. Auf einen Esel war ich nicht gefaßt. Noch nie in meiner Arztlaufbahn hatte ich bis dahin mit einem Esel zu tun gehabt. Meine Kundschaft bestand aus Hunden, Katzen, Meerschweinchen, Hasen, ab und zu auch Schlangen, Eidechsen, und einmal war sogar ein Tigerbaby zu mir gekommen. Einen leibhaftigen Esel hatte ich jedoch bis dahin nicht gehabt.

Aber schnell faßte ich mich: ›Ja, natürlich, einem arabischen Bruder werde ich immer helfen. Bitte, bringen Sie Ihren Esel.‹

Sindbad ging zurück ins Wartezimmer und führte den Esel herein. Es war ein sehr schöner Esel, verehrte Gäste, mit glänzendem, weißem Fell, gut bemuskelter Hinterhand und freundlich-samtenen Augen. Die Hufe waren gut berundet und frisch beschlagen; auf dem Rücken trug er einen handbestickten Sattel. Sein Gebiß voller elfenbeinfarbener Zähne sah sehr gesund aus. Ohne daß ich ein Wort sagen mußte, legte sich der Esel auf meine Untersuchungspritsche. So ein kluges Tier hatte ich bis dahin noch nicht gesehen.

Ich fragte Sindbad, wofür er den Impfpaß denn brauche.

›Für die deutschen Behörden.‹

›Wieso?‹ fragte ich. ›Haben Sie einen Zirkus? Vielleicht auch Elefanten, Bären und Löwen? Soll ich die auch noch impfen?‹

›Nein‹, beruhigte mich Sindbad, »einen Zirkus habe ich nicht.‹

Und dann begann er mir seine Geschichte zu erzählen.

Sindbad der Luftfahrer war wie ich viel herumgekommen, in den arabischen Ländern, in Persien, Indien und der Türkei.

Das Reisen war für ihn eine einfache Sache. Er brauchte nur seinen fliegenden Teppich zu besteigen, und, schwupp, erhob dieser sich in die Lüfte. Dabei nahm Sindbad immer seinen Esel mit. Er hatte ihm das Sprechen beigebracht und konnte sich deshalb gut mit ihm verständigen.

Auch dieses Mal hatte Sindbad die Landkarte vor sich ausgebreitet und zeigte mit seinem Finger auf einen Punkt. Dorthin wollte er fliegen. Wenn er sich nicht verrechnet hatte, würde er – selbst bei günstigem Wind – eine ganze Woche unterwegs sein.

Er ging in den Basar und besorgte den nötigen Reiseproviant: Kaffee, Tee, Fladenbrot, getrocknetes Hammelfleisch und Wassermelonen.

An dem Tag, an dem er abflog, war es schön warm, die Luft ganz klar und der Himmel tiefblau.

Gegen Abend erhob sich der Teppich mit Sindbad und seinem Esel und glitt wie ein Segelschiff durch die Lüfte. Die Sterne glänzten wie Diamanten und funkelten zur Erde. Es war die Zeit des Halbmondes. Wie eine Jasminkette sieht er aus, dachte Sindbad glücklich.

Als der Teppich die richtige Höhe erreicht hatte und nach Norden unterwegs war, wo Sindbad die Eskimos besuchen wollte, schloß er zufrieden die Augen. Er hatte keine Angst zu verschlafen, denn sein Esel war es gewohnt, ihn auf Reisen zu wecken.

Alsbald begann Sindbad zu träumen: Er spielte mit zwei Löwinnen an einem Flußufer. Die Raubtiere waren zutraulich wie Hauskatzen. Ohne die geringste Angst streichelte er sie, und sie säugten ihn mit ihrer Milch. Dann erblickte er in seinem Traum zahllose Fische; große und kleine schwammen friedlich nebeneinander im Ozean, und kein Fisch tat dem anderen etwas zuleide. Weiter träumte er von Salomons Schatz. Er lag in einem großen Tempel, und jeder konnte sich ein paar Perlen und Rubine davon nehmen, denn es waren genügend für alle da.

Plötzlich erblickte er ein riesiges, schwarzes Tier, das aussah wie ein Skorpion. Das Tier wollte Sindbad in den Hals stechen, so daß ihn große Angst überkam und er davon aufwachte.

Als er die Augen öffnete, war schon heller Tag. Er ärgerte sich über seinen Esel, weil er ihn nicht geweckt hatte. Doch dieses Mal schlief der Esel selbst noch.

Sindbad rüttelte ihn wach, und gemeinsam begannen sie, das Frühstück vorzubereiten. Der Esel kochte Kaffee, Sindbad schnitt Brot und Fleisch. Sie legten alles auf eine silberne Platte und begannen zu frühstücken.

›Hast du schön geträumt?‹ erkundigte sich der Esel.

›Ich habe von Löwinnen, Fischen und einem großen Schatz geträumt‹, antwortete Sindbad, ›das war wunderschön! Aber dann kam ein riesiges, schwarzes Tier. Es sah aus wie ein Skorpion und wollte mich in den Hals stechen. Ich hatte schreckliche Angst, und davon bin ich aufgewacht. Was mag wohl dieses riesige, schwarze Tier bedeuten?‹

›Das riesige, schwarze Tier wird uns noch oft begegnen. Sicher will es unsere Reise stören. Du hast dich falsch verhalten, Sindbad. Du hättest dich wehren sollen, statt wegzurennen. Du hast kräftige Hände und einen scharfen Dolch. Warum hast du das schwarze Tier nicht ins Herz getroffen? Dann wäre es jetzt tot. So aber wird es uns nicht in Ruhe lassen, sondern uns weiter verfolgen.‹

›Es war viel stärker als ich. Allein konnte ich nichts machen‹, gab Sindbad zurück. Insgeheim dachte er, daß das ja nur ein Traum gewesen sei, aus und vorbei, und er dem schwarzen Tier nie wieder begegnen würde.

Sindbad trank noch einen Schluck Kaffee, war zufrieden, daß er satt war, spülte seinen Mund aus und wischte sich den

Bart mit Wasser ab. Dann bewunderte er den Himmel um sich herum.

Es vergingen sieben Tage und sieben Nächte. Nach Sindbads Berechnung mußten sie am achten Tag ihr Ziel erreichen.

Gespannt schaute er zur Erde hinunter. Dort erblickte er einen großen Wald.

›Was könnte das da unten denn sein?‹ fragte er seinen Esel.

›Laß uns hier landen‹, schlug der Esel vor, ›dann werden wir schon sehen, wo wir sind.‹

›Wir können nicht im Wald landen, wir müssen flaches Land finden‹, erklärte Sindbad.

Sie hielten Ausschau nach rechts und links. Plötzlich schrie der Esel ganz laut und wackelte vor Freude mit dem Kopf: ›Dort, dort, sieh nur, die große Stadt. Wir sind am Ziel!‹

Sindbad nahm sein Fernrohr und schaute in die Richtung, die der Esel ihm wies. Verwundert rief er: ›Solch eine Riesenstadt, das kann nur Bagdad sein! Aber wie? Wir sind doch sieben Tagesreisen von Bagdad entfernt. Habe ich mich etwa verrechnet? Das wäre ärgerlich. Was soll ich denn in Bagdad? Ich kenne die Stadt wie meinen Teppich.‹

Er steuerte den Teppich näher an die Stadt heran. Da erst sah er, daß er doch nicht Bagdad, sondern eine fremde Stadt vor sich hatte. Hier war er noch nie gewesen. Hier gab es auch keine Moscheen, dafür aber Gebäude mit mindestens dreißig Stockwerken. Sie machten ihm angst, denn er fürchtete, daß sein Teppich gegen eines dieser Riesenhäuser stoßen könne.

Er überlegte hin und her und suchte nach einem Landeplatz. Da zog unglücklicherweise auch noch ein schweres Gewitter auf. Eine Sturmbö erfaßte den fliegenden Teppich und drückte ihn zur Erde. Sindbad und sein Esel stürzten in einen See, und den Teppich verloren sie dabei auch noch.

Sindbad überfiel tiefe Trauer, denn ohne seinen Teppich fühlte er sich verloren.

Der Esel tröstete ihn: ›Beruhige dich, es könnte noch schlimmer sein. Wir leben doch noch. Laß uns unsere Kräfte sammeln und ans Ufer schwimmen. Wir brauchen höchstens eine halbe Stunde, bis wir festen Boden unter den Füßen haben.‹

Sindbad zögerte.

›Du bist doch ein guter Schwimmer‹, redete ihm der Esel zu. ›Du hast mir einmal erzählt, du seiest das Krokodil vom Nil. Jetzt kannst du es mir beweisen.‹

›Aber der Teppich‹, wandte Sindbad ein, ›wo soll ich ihn hier finden? Wie können wir wieder heimkehren, wenn es uns in der fremden Stadt nicht gefällt?‹

Sie schwammen länger als eine halbe Stunde, doch dann hatten sie das Ufer erreicht. Sie waren erschöpft und froren am ganzen Leib. Aber wohin sie auch blickten, sie sahen keinen Menschen.

Sindbad zündete ein Feuer an und trocknete seinen Kaftan. Als der endlich trocken war, erkannte er ihn kaum wieder. Er war ganz schwarz, und auch der Esel war sehr dreckig, denn die beiden waren in die schmutzige Brühe des Grunewaldsees gefallen. Sindbad striegelte das Fell seines Esels, doch sauber bekam er es nicht mehr.

Beide machten sich nun auf den Weg durch den Grunewald. Sie kamen an schönen, weißen Häusern vorbei. Manche hatten Marmoraufgänge und einen Swimmingpool. In großen Parkanlagen war der Rasen säuberlich geschnitten, und die Blumen standen in Reihen geordnet. Die Umgebung erinnerte Sindbad an Bagdad, aber selbst dort hatte er nicht so viele Paläste gesehen. So etwas hatte er in seinem Leben überhaupt noch nicht gesehen, und er meinte, alle Menschen in dieser Stadt lebten in solch wunderbaren Villen.

Das gab ihm wieder Mut und Hoffnung, denn wer solche schönen Häuser besitzt, ist sicher gastfreundlich, dachte er. Sicher würde man ihn und seinen Esel freundlich aufnehmen.

In einer Villa brannte noch Licht. Sindbad klopfte an, aber niemand öffnete. Nun pochte Sindbad stärker, bis ein Mann in einer seidenen Hausjacke erschien, begleitet von einer riesigen Dogge. Als er Sindbad und seinen Esel erblickte, begann er laut zu schimpfen: ›Was habt ihr Gastarbeiter denn hier im Grunewald zu suchen?‹

Sindbad begrüßte den Mann dennoch freundlich in arabischer Sprache: ›Friede sei mit dir!‹ und fragte, ob er bei ihm übernachten könnte.

›Verlaß sofort mein Grundstück‹, brüllte der Mann zurück, ›sonst hole ich die Polizei!‹ Damit hetzte er seinen Hund auf Sindbad, dem nichts weiter übrigblieb, als die Flucht zu ergreifen.

Sie gingen weiter durch den Grunewald. Sindbad klopfte an eine andere Tür. Eine ältere Frau schaute neugierig aus dem Fenster und erschrak, als sie Sindbad und seinen Esel erblickte. Sie dachte, er sei Ali Baba und die vierzig Räuber lauerten im Hintergrund. Ihr Gesicht erblaßte, und Sindbad konnte erahnen, wie stark ihr Herz unter dem dünnen Gewand zu klopfen begann. Rasch schlug sie das Fenster zu.

Enttäuscht gingen Sindbad und sein Esel weiter. Auf seinem Weg durch den Grunewald klopfte er noch an mehr als zwanzig Haustüren, aber keine tat sich für ihn auf. Niemand wollte ihn als Gast aufnehmen.

›Hätte ich nur meinen Teppich, nicht eine Sekunde länger würde ich hier bleiben‹, stöhnte er.

Nachdenklich trottete der Esel neben ihm her. Erst nach einer Weile sagte er: ›Sei nicht traurig. Wo immer wir bisher waren, hatten wir Glück. Die Menschen waren freundlich zu uns und haben uns als Gäste behandelt. Vielleicht finden wir auch hier jemanden, der uns aufnimmt. Wir müssen uns eben weiter umsehen.‹

Die beiden verließen den Grunewald und gelangten auf eine

sehr breite Straße. Sie war hell erleuchtet, und rechts und links standen Geschäfte, Hotels und auch Hochhäuser.

›Wenn diese hohen Häuser nicht wären, könnte man diese Straße mit dem Basar von Bagdad vergleichen‹, meinte Sindbad zu seinem Esel.

Aus kleinen Buden am Straßenrand drang der beißende Gestank halbverbrannter Currywürste. Dazu kamen die Auspuffgase der vorbeirasenden Autos. Der Esel steckte sich einen Korken in die Nase; er konnte es nicht mehr aushalten. Und Sindbad fühlte sich ähnlich, wenn er auch dem Beispiel des Esels nicht folgte.

Sehr gut gefielen Sindbad hingegen die prächtigen Schaufenster mit den hübschen Kleiderpuppen. Zuerst meinte er, es handle sich da um richtige Frauen. Deshalb zwinkerte er ihnen zu und sprach sie an; doch keine von ihnen reagierte. Das war für ihn unverständlich. In Bagdad hatte er immer großen Erfolg bei Frauen gehabt. Er brauchte dort nur zu sagen: ›Ich bin Sindbad‹, und schon folgten ihm einige. Hier aber klopfte er mit einem Stock gegen eine Glasscheibe, um die Mädchen auf sich aufmerksam zu machen, doch diese Wesen blieben steif und regungslos.

Sindbad und sein Esel gingen weiter. Sie begegneten einigen Betrunkenen. Einer schimpfte über Sindbad und seinen Esel, ein anderer lachte über die beiden, und ein dritter sagte mürrisch: ›Haben die Gastarbeiter schon so viele Mercedes gekauft, daß sie auf Esel umgestiegen sind?‹

Sindbad sprach einige Passanten an. Die meisten wehrten gleich ab, andere verstanden ihn nicht.«

Abu al Abed machte eine kleine Pause, trank einen Schluck Tee, um seinen Hals anzufeuchten, und fuhr fort, die Geschichte von Sindbad zu erzählen:

»›Allah hat mich nicht im Stich gelassen, Herr Doktor. Auf dem Ku'damm, an einer Autobushaltestelle, habe ich einen

Türken namens Mustafa Bülbül getroffen. Der bemerkte gleich, daß ich verzweifelt war, und lud mich und meinen Esel zu sich nach Hause ein. Mustafa wohnte im vierten Hinterhof eines halb abgerissenen Hauses in Kreuzberg im fünften Stock. Dort bewohnte er ein winzig kleines, dunkles Zimmer mit Außentoilette. In einer Ecke des Zimmers lagen seine Matratze und drei Sitzkissen. In einer anderen Ecke stand eine Apfelsinenkiste, darauf eine Kochplatte und zwei Töpfe. Als ich dieses winzige Zimmerchen erblickte, bekam ich Hemmungen, dort zu bleiben. Aber Mustafa hat mir dieses Gefühl durch seine Gastfreundschaft sofort genommen. Er bereitete uns ein Kebab zum Essen, und am Abend holte er von Freunden zwei Decken für mich und meinen Esel zum Schlafen.

Ich schlief sieben Tage und sieben Nächte lang. Mustafa Bülbül sorgte sich sehr um mich, aber mein Esel erklärte ihm, daß ich nicht krank sei. Ich hätte die Angewohnheit, nach anstrengenden Reisen so lange durchzuschlummern, um neue Kräfte zu sammeln.‹

Aber jetzt bin ich auch müde geworden«, unterbrach Abu al Abed die Geschichte, »und will nach Hause gehen. Morgen werde ich euch verraten, verehrte Gäste, was Sindbad in Westberlin noch erlebte.«

Und so verabschiedete sich Abu al Abed von seinen Zuhörern und ging nach Hause.

Am nächsten Abend, Punkt neun Uhr, betrat Abu al Abed wieder das Café. Er begrüßte die Gäste und setzte sich auf seinen Hocker. Nachdem der Kreis gebildet war und Ruhe herrschte, trank er einen Schluck Tee, um seinen Hals anzufeuchten. Dann fragte er wie immer: »Wo war ich das letzte Mal stehengeblieben?«

Einer der Gäste antwortete: »Als Sindbad sieben Tage und sieben Nächte in Mustafa Bülbüls Zimmer geschlafen hatte.«

»Ach ja, jetzt erinnere ich mich. Also – als Sindbad am achten Tag gegen Mittag erwachte, schaute er verwundert um sich. Er war sich nicht sicher, ob er nicht etwa noch träumte, und erst als er seinen Esel und Mustafa Bülbül erblickte, wußte er, wo er war.

Mustafa bot ihm Kufta-Fleisch mit Tomatensauce an, dazu tranken sie Ayran.

Dann berichtete Mustafa, was er unterdessen alles unternommen hatte. In der Fabrik, wo er arbeitete, hatte er nach einer Stelle für Sindbad gefragt. Leider hatte er keinen Erfolg, da die Firma niemanden ohne Arbeitserlaubnis anstellte. Aber er solle die Hoffnung nicht aufgeben, sagte er zu Sindbad. Es gebe ja noch die Möglichkeit, bei einem Sklavenhändler zu arbeiten. Als Sindbad das Wort ›Sklave‹ hörte, zuckte er zusammen: ›Ich bin als freier Mensch geboren, und als freier Mensch will ich sterben.‹

›Die Sklaverei hat sich heute ein bißchen verändert‹, versuchte Mustafa ihm zu erklären, ›der Sklavenhändler ist ein Arbeitsvermittler, der Ausländern, die keine Arbeitserlaubnis haben, Arbeit anbietet. Dafür kassiert er die Hälfte vom Lohn als Vermittlungsgebühr. Der Vermittler schickt dich in eine Fabrik oder in ein großes Kaufhaus, und du mußt machen, was verlangt wird. Manchmal hast du Glück und kannst mehrere Tage dort arbeiten; meistens aber mußt du deine Arbeitsstelle täglich wechseln.‹

So schwer es ihm fiel – Sindbad blieb nichts anderes übrig, als zu jenem Arbeitsvermittler zu gehen, denn er hatte kein Geld mehr, um in seine Heimat zurückzukehren.

Der Sklavenhändler wies ihm eine Arbeit in einer Fahrstuhlfabrik zu.

Mustafa Bülbül lieh ihm ein Hemd, eine Hose und eine Jacke und begleitete ihn um fünf Uhr morgens zum Fabriktor, denn allein hätte Sindbad den Weg dorthin nicht gefunden.

Eine Sekretärin kam auf Sindbad zu. Ihr zeigte er das gelbe Papier, das er vom Sklavenhändler bekommen hatte.

›Sprechen deutsch?‹ fragte sie und schaute auf das Papier.

›Nix verstehen‹, sagte Sindbad, ›ich arabisch, türkisch, persisch, indisch.‹

Die Sekretärin rief einen Meister. Der verstand ein paar türkische Worte und nahm Sindbad mit.

Auf einem großen Platz, wo viele Eisenstangen lagen, blieb er stehen. Er zeigte Sindbad, wie er die Eisenstangen nach Länge und Stärke sortieren mußte. Dann verschwand der Meister.

Sindbad arbeitete wie wild. Er glaubte, wenn er früher fertig wäre, könne er nach Hause gehen. Doch kaum hatte er die letzten Stangen sortiert, wurden wieder neue angeliefert. Zehn Minuten vor Feierabend setzte sich Sindbad völlig erschöpft auf den Boden. Aber gerade in diesem Augenblick kam der Chef vorbei. ›Sofort aufstehen!‹ schrie er Sindbad an. ›Fürs Sitzen wirst du hier nicht bezahlt! Du bist hier in Deutschland und nicht in Arabien. Für Faulenzer haben wir hier keine Verwendung!‹

Damit war Sindbad entlassen.

Mustafa war, als ihm Sindbad das erzählte, keineswegs überrascht. Er wußte sehr gut, daß ein Gastarbeiter ohne Aufenthaltsgenehmigung und ohne Arbeitserlaubnis keine Rechte hat. Deshalb schlug er ihm vor, mit ihm zur Fremdenpolizei zu gehen; er hoffte, daß man ihm vielleicht doch eine Aufenthaltsgenehmigung gebe. Da horchte der Esel auf: ›Brauche ich auch eine Aufenthaltserlaubnis?‹

Mustafa klärte ihn darüber auf, daß er zum Tierarzt müßte, um einen Impfpaß zu bekommen.

›Und nun bin ich bei Ihnen, Herr Doktor‹, sagte Sindbad, ›und bitte Sie um einen solchen Impfpaß für meinen Esel.‹

Ich, Abu al Abed, führte zunächst eine sorgfältige Generaluntersuchung bei dem Esel durch. Ich entdeckte bei ihm keinerlei Krankheiten, alle Befunde waren negativ. Dann gab ich ihm zwei Spritzen und stellte einen ordnungsgemäßen Impfpaß aus. Schließlich wünschte ich Sindbad und seinem Esel viel Glück.

Das war das erste Mal, verehrte Gäste, daß ich in meiner Westberliner Praxis ein Tier kostenlos behandelt hatte. Ihr wißt ja – Abu al Abed hat ein weiches Herz.«

Einer der Zuhörer unterbrach Abu al Abed und rief: »Hast du dich auch weiterhin für Sindbad eingesetzt? Du hast ja gute Beziehungen in Westberlin gehabt.«

»Aber selbstverständlich«, antwortete Abu al Abed. »Einen ganzen Tag habe ich geopfert und bin mit ihm zur Fremdenpolizei gegangen. Der Raum dort war bis zur Decke mit Ausländern gefüllt. Mehr als sieben Stunden mußten wir warten, bis wir endlich dran waren. Auch meine Visitenkarte als Tierarzt hat leider – das war das erste Mal – nichts genutzt. Ich und Sindbad, wir mußten wie alle anderen warten. Dann endlich hörten wir, wie der Name Sindbads ausgerufen wurde. Als wir das Büro betraten, empfing uns eine Beamtin mit mürrischem Blick. Ständig erkundigte sie sich nach Dingen, die sie auch dem Paß hätte entnehmen können: wie Sindbad heiße, wo er geboren sei und ob er schwarz nach Westberlin gekommen sei.

›Ja‹, antwortete ich, ›er ist schwarz eingereist. Aber nicht über den Flughafen Schönefeld und auch nicht über den Flughafen Tegel, wie Sie vielleicht annehmen. Er ist im Grunewald gelandet.‹

Die Beamtin war sehr verdutzt: ›Seit wann gibt es im Grunewald denn einen Flughafen?‹

›Er ist mit seinem fliegenden Teppich und seinem Esel, der ihn begleitet, dort abgestürzt, mitten in den Grunewaldsee‹, gab ich ihr Auskunft.

Die Beamtin wurde sehr wütend, denn sie glaubte, ich wollte sie auf den Arm nehmen. Fünfzehn Minuten lang blätterte sie in Sindbads Paß herum. Dann erklärte sie uns, daß sie die Aufenthaltsgenehmigung ablehnen müßte und daß auch das Arbeitsamt ihm keine Arbeitserlaubnis gebe.

Ich, Abu al Abed, wurde nun auch sehr zornig: ›Sindbad will hier nicht lange bleiben. Er will nur ein bißchen arbeiten, um Geld zu sparen für seine Rückreise. Ich werde für ihn bürgen!‹

Die Beamtin ging darauf jedoch nicht ein. Sindbad erhielt nur ein Touristenvisum für einen Monat.

Während dieser Zeit durfte er keiner Beschäftigung nachgehen. Wieder war Sindbad gezwungen, schwarz zu arbeiten.

Glücklicherweise fand er eine Aushilfsstelle in einem türkischen Lebensmittelladen in Kreuzberg, und er konnte ein bißchen Geld für die Rückreise sparen. Und als der Monat herum war, brach er sein Sparschwein auf. Aber leider reichte es überhaupt nicht.

Da sammelte Mustafa Bülbül bei seinen türkischen Freunden Geld, und Sindbad ging sofort zum Reisebüro. Er bestellte zwei Flugtickets nach Bagdad, aber die Reisebüroangestellte machte ihm klar, daß sein Esel nicht mitkommen könne. Der könne nur in einer Frachtmaschine befördert werden, und das sei sehr teuer.

Verzweifelt verließ Sindbad das Reisebüro. Auf der Straße

weinte er wie ein kleines Kind, das seine Mutter verloren hatte. Schluchzend lief er durch die Straßen.

Es war gerade Sperrmülltag. Einige Leute warfen alte Sachen auf die Straßen, andere stürzten sich wie die Geier darauf: Waschmaschinen, Fernsehapparate, Kühlschränke, Matratzen, Decken, Kissen, Sessel, Regale und viele andere Dinge, die manchmal noch wie neu waren.

Sindbad schaute sich die Sachen näher an. Er dachte, daß er vielleicht etwas für Mustafas Zimmer finden könne. Und während er aus dem Sperrmüllberg einige Decken herauskramte, stieß er plötzlich auf einen Teppich.

Er konnte es nicht fassen: Es war der fliegende Teppich, den er im Grunewaldsee verloren hatte. Überglücklich drückte er seinen Teppich fest an die Brust und küßte ihn. Singend tanzte er durch die Straßen, bis er zu Mustafas Zimmer kam.

An diesem Tag begann ein großes Abschiedsfest bei Mustafa, das sieben Tage und sieben Nächte lang dauerte.

Auch ich, Abu al Abed, wurde eingeladen.

Verehrte Gäste, so ein schönes Fest hatte ich noch nicht erlebt. Es gab gegrilltes Lammfleisch, Kubi, Tabuli, Humus, gefüllte Weinblätter und Auberginen, Zucchini, und der Raki floß wie Wasser. Sindbad hatte mit dem Geld eingekauft, das er für die beiden Flugtickets gespart hatte, die er ja nun nicht mehr brauchte, da er seinen fliegenden Teppich wiedergefunden hatte.

Viele Feste hatte ich bis dahin in Westberlin gefeiert, meine verehrten Gäste, im Hilton, im Bristol, bei Kempinski, aber noch nie hatte ich mich so wohl gefühlt wie auf dem Abschiedsfest Sindbads bei Mustafa.

Am achten Festtag, kurz vor Mitternacht, bat Sindbad alle Gäste, sich auf dem Dach zu versammeln. Sakko, Hose und Hemd hatte er vorher Mustafa zurückgegeben und statt dessen seinen Kaftan angezogen und seinen Turban gewickelt. Dann bedankte er sich bei Mustafa Bülbül und bei mir, reichte den Freunden die Hand, küßte Mustafa und umarmte mich.

Er bestieg seinen fliegenden Teppich, und der Esel setzte sich neben ihn. Dann erhob sich der Teppich, und schon bald lag die rauchgeschwärzte Smog-Schicht unter Sindbad und seinem Esel. Über sich erblickten sie wieder die hellen, klaren, funkelnden Sterne.

Sindbad steuerte den Teppich in Richtung Bagdad und schloß zufrieden die Augen.

Und als er erwachte, befand er sich vor einem Café im Basar von Bagdad. Er begegnete einer Menge Bauern, die ihre Felder verlassen hatten und darauf warteten, nach Deutschland fahren zu können, um dort in einer Fabrik zu arbeiten.

Sie waren neugierig, als sie hörten, daß Sindbad und sein Esel gerade aus diesem Land kamen, und wollten hören, wie man dort als Gastarbeiter lebt.

Aber als sie Sindbads leere Hände sahen, wunderten sie sich sehr, und einer rief: ›Wo ist das Auto, Sindbad? Wo ist denn der Fernseher, der Videorecorder, die Waschmaschine? Wo sind die schönen Hemden und die Anzüge?‹« Mit diesen Worten beendete Abu al Abed die Geschichte von Sindbad dem Luftfahrer und versprach seinen Zuhörern, am nächsten Tag neue Abenteuer zu erzählen.

Ohne Widerworte und Drängen ließen sie Abu al Abed nach Hause gehen. Sie waren an diesem Abend sehr nachdenklich und ruhig.

Wie immer kam auch an diesem Abend Abu al Abed Punkt neun Uhr ins Café. Er begrüßte die Stammgäste und setzte sich auf seinen Hocker, der auf dem Tisch stand. Nachdem der Kellner die Gäste mit Kaffee, Tee und Wasserpfeife versorgt hatte, kehrte Ruhe ein wie in einer Moschee. Abu al Abed trank einen Schluck Tee, um seinen Hals anzufeuchten, und fragte wie immer: »Wo bin ich das letzte Mal stehengeblieben?«

Einer der Zuhörer rief: »Sindbad war mit leeren Händen aus Westberlin zurückgekommen.«

»Ja, genau, jetzt kann ich mich erinnern. Diese Geschichte habe ich aber schon zu Ende erzählt. Heute werde ich euch, verehrte Gäste, ein neues Abenteuer erzählen.

Ich war sieben Jahre alt, als meine Mutter einen Brief von ihrem Cousin aus Amerika erhielt. So schnell sie konnte, las sie ihn. Sie war überglücklich über die Nachricht, die der Brief enthielt, denn sie hatte fünfzig Jahre darauf gewartet: Der Cousin kündigte endlich seinen Besuch in Beirut an, den er Jahr um Jahr verschoben hatte.

Er fragte an, ob er einen Monat bei uns wohnen könne, da er sich im Hotel nicht wohl fühle.

Noch am gleichen Tag beantwortete meine Mutter diesen Brief und hieß den Cousin herzlich willkommen.

Mit siebzehn Jahren war der Cousin nach Amerika emigriert – mit zwanzig Dollars in der Tasche. Mit seinem Bauchladen war er in zehn Jahren zum Millionär geworden. Das waren gute Zeiten damals, meine verehrten Gäste. Das Geld lag in Amerika auf der Straße. Man brauchte nur scharfe Augen zu haben, und der Cousin hatte damals Adleraugen. Später wurden sie leider eher zu Maulwurfsaugen. Aber ich muß sagen: Er war ein guter Händler.

Geschickt brachte er seine Ware an den Mann und an die

Frau. Er handelte mit so unentbehrlichen Dingen wie Garnen, Knöpfen, Nadeln, Lippenstiften, Nagellack, Schuhcreme, Puder, Seife, Scheren, Taschenspiegeln, Strümpfen, Hosenträgern, Schnürsenkeln und Nachthauben.

Er war beliebt bei den Männern und Frauen von Washington-City. Mit seinem Bauchladen von zwei Meter Länge war er schon eine imposante Erscheinung, obwohl er selbst kaum 1,40 Meter groß war.

Bevor er in die Vereinigten Staaten ausgewandert war, hatte er sich noch schnell mit meiner Tante Mariam verlobt und ihr versprochen, in fünf Jahren als Millionär zurückzukehren und sie dann zu heiraten. Sie sollte auf ihn warten und ihm die Treue halten. Er würde keine andere Frau anschauen, da er sowieso keine Zeit dazu hätte.

Die arme Tante Mariam wartete nun schon fünfzig Jahre auf dieses große Ereignis. Jedes Jahr hatte er einen anderen Grund gehabt, die Rückreise zu verschieben.

Daher war es nur zu verständlich, daß Tränen aus ihren Augen strömten, als sie durch meine Mutter von dem Brief erfuhr. Vor Freude konnte sie einen Monat lang nicht schlafen. Ungeduldig zählte sie die Tage, Stunden und Sekunden. Sie schaffte sich zwei neue Wecker an, um ja die Ankunft des Geliebten nicht zu verpassen.

Uns Kinder überhäufte sie mit Geschenken. So lieb hatte ich meine Tante bislang nicht gehabt.

Jetzt konnte sie heiraten und ihren Lebenstraum verwirklichen. Mir hatte sie versprochen, mich nach Amerika mitzunehmen. Dort sollte ich das College besuchen und Medizin studieren.

Am Tage der Ankunft des Cousins war bei uns zu Hause viel los. Meine Familie und die Verwandten waren sehr aufgeregt. Meine Mutter weckte uns schon um vier Uhr in der Frühe. Wir wurden gewaschen, frisiert und in Sonntagsanzüge gesteckt.

Eine Woche zuvor schon war unsere Wohnung gründlich gereinigt und geputzt worden. Auf die Tische stellte meine Mutter Vasen mit frischen Frühlingsblumen. Unser bestes Zimmer hatte sie für den Cousin hergerichtet. Die Wände waren frisch gestrichen, das Bett neu bezogen, die Gardinen gewaschen und die gestickten Deckchen überall sorgfältig verteilt. Auch unseren Kleiderschrank hatte sie für ihn geleert. Es war gemütlicher in dem Zimmer als in einem Sieben-Sterne-Hotel.

Mit Kind und Kegel fuhren wir dann in zwei blumengeschmückten Taxen zum Flughafen.

Meine Mutter trug einen riesigen Blumenstrauß. Auch einen roten Teppich hatte sie besorgt. Der Cousin sollte wie ein großer Star empfangen werden.

Das Konservatorium von Beirut schickte ein Orchester, das aus zwanzig Blasinstrumenten, vierzig Geigen, Pauken und Trommeln bestand.

Auch der Bischof war persönlich anwesend. Er hoffte, daß der Cousin Geld für die Kirche lockermachen würde.

Meine Tante Mariam trug zu diesem festlichen Anlaß ein schwarzes Seidenkleid, das mit weißen Blumen bestickt war. Ihre blauen Stöckelschuhe paßten zur roten Handtasche und die Spitzenstrümpfe zum Hut. Sie trug ihre einzige Perlenkette. Ihre Augen hatte sie grün und den Mund rot bemalt. Sie sah zwanzig Jahre jünger aus.

Meine Mutter hielt das Foto des Cousins in der Hand, um ihn in der großen Menge erkennen zu können. Aber das war überflüssig. Durch seine Kleidung fiel er sofort unter den Passagieren auf. Wie andere aus den USA zurückkehrende Emigranten trug er die bekannte Papageienkleidung: blau-weiß kariertes Sakko, grün-braun karierte Hose, ein weiß-rot gestreiftes Hemd, eine lila Krawatte mit gelben Punkten und weiße Lackschuhe.

Auf dem schwarzen, auffälligen Toupet thronte der Panamahut. Wie eine reiche Braut war er mit Gold behangen: zwei dicke Goldarmbanduhren, diamantene Krawattennadel und mindestens fünfzehn Goldringe.

Zwei Knöpfe steckten in seinen Ohren, die jedoch nicht zu einem Walkman, sondern zu einem Hörgerät gehörten. Seine Augen verbargen sich hinter Doppeldecker-Lupengläsern.«

Einer der Zuhörer unterbrach Abu al Abed: »Den Fotoapparat hast du vergessen.«

»Ja, natürlich, sogar drei Stück baumelten an seiner mageren Brust«, antwortete Abu al Abed und fuhr fort: »Der arme Kerl. Nur mit Mühe zitterte er die Treppe herunter. Seine Krankenschwester ging dicht hinter ihm und trug links den Medikamentenkoffer und rechts das mobile Sauerstoffgerät. Er hatte ihr verboten, ihm in der Öffentlichkeit zu helfen. Er stützte sich lieber auf den Stock und hielt sich am Geländer fest.

Das Orchester setzte mit einem Tusch ein und stimmte dann die libanesische Nationalhymne an.

Die Anwesenden waren erstaunt und vermuteten einen hohen Politiker unter den Passagieren. Auch dem Cousin stockte der Atem, so daß er schnell ein paar Pillen schlucken mußte.

Als er aber auf festem Boden stand, meine Mutter, der Bischof und wir anderen ihm zuwinkten und seinen Namen riefen, merkte er, daß er gemeint war. Jeder von uns reichte ihm einen Blumenstrauß und eine kleine libanesische Papierfahne.

Der Cousin war so gerührt, daß ihm die Tränen herunterliefen.

Er drückte uns fest die Hand und sagte: ›Thank you, thank you very much.‹

Aus seinem Mund blitzten die Goldzähne.

Er hielt eine kurze Rede, die ich nicht verstand, da sie aus einem Mischmasch aus Amerikanisch und Arabisch bestand. Ich erinnere mich nur an einen immer wiederkehrenden Satz: You know.

In vier Taxen fuhren wir nach Hause. Er allein benötigte zwei Taxen, da er fünf schwere Koffer und mehrere Taschen mitgebracht hatte. Meine Mutter vermutete in ihnen die Geschenke und überlegte sich schon die Dankesworte.

Unterwegs brach er angesichts eines jeden Hochhauses in Freudenrufe aus: ›Lovely, lovely.‹

Meine Mutter mußte sich sehr zurückhalten, denn alle Hochhäuser waren zerbombt und ausgebrannt. Ab und zu nickte er ein.

Zu Hause erwartete uns eine riesige Tafel mit den leckersten libanesischen Gerichten. Sämtliche Nachbarn waren eingeladen, und es wurde ein unvergeßliches Festmahl.

Nach dem Essen ging Mister You-know in sein Zimmer, um auszupacken. Meine Mutter nahm mich mit, um ihm zu helfen.

Behutsam öffnete er die ersten beiden Koffer. Und was ich sah, meine verehrten Gäste, könnt ihr euch nicht vorstellen. Es kamen Kostbarkeiten zum Vorschein: bunte Konservenbüchsen, die alle Arten von Gemüse, Obst, Ölsardinen und Corned Beef enthielten.

Zwei andere Koffer bargen Familienpackungen Cornflakes, Chips, Erdnüsse, Schokoladenkekse, Teebeutel, Nescafé. Hinzu kamen Ketch-up-Tuben, Tauchsieder und Töpfchen.

Meine Mutter bedankte sich herzlich, da sie glaubte, daß dies Geschenke für sie seien.

Aber Mister You-know sagte zu ihr: ›No, no, diese Sachen sind nicht für euch.‹

Meine Mutter war erstaunt: ›Wieso? Hast du vor, in Beirut ein Bauchladenunternehmen zu gründen?‹

›No, ich möchte doch lange Zeit hier bleiben, und wovon

soll ich denn sonst leben, wenn ich nicht dieses amerikanische food habe. Hier gibt es doch diese Dinge nicht.‹

›Doch, doch‹, antwortete meine Mutter, ›wir haben hier vier McDonalds und drei Burger Kings.‹

›Never mind‹, antwortete Mister You-know. ›Eure Geschenke habe ich im anderen Koffer.‹

Er öffnete den fünften Koffer und reichte meiner Mutter ein Kleid in knalligem Bonbon-Rosa – 100 % Synthetik. Für mich und meine Brüder gab's je ein Paar Strümpfe – einen Tag angezogen, und schon waren sie hinüber. Meine Tante sollte einen großen Karton, der mit einer zentimeterdicken Staubschicht bedeckt war und den verblaßten Stempel von 1901 trug, erhalten.

Nach ein paar Tagen fragte Mister You-know meine Mutter: ›Wo ist deine Schwester, wo ist meine Braut? Ich möchte den Hochzeitstermin besprechen.‹

Meine Mutter war schon wieder erstaunt und rief: ›Wieso, du siehst sie doch ständig. Mariam bedient dich doch ununterbrochen!‹

›Die alte Dame, Mrs. Mary, meinst du? Ich habe meine Braut ganz anders in Erinnerung.‹

Aus seinem Portemonnaie holte er ein Foto von Mariam – damals war sie siebzehn Jahre alt und ebenso hübsch wie meine Mutter. Ihre schwarzen Haare reichten ihr bis zum Popo, ihre großen, schwarzen Augen leuchteten, die Nase war spitz, der Mund rot wie eine Kirsche, und die Haut sah aus wie die einer Aprikose. Viele Männer von Beirut hatte sie damit schon fast zum Wahnsinn gebracht. Doch meine Tante blieb fünfzig Jahre treu und wollte nur den Cousin heiraten.

Mister You-know musterte das Foto mit seiner Nase und wandte sich an meine Mutter: ›Schau doch, *das* ist meine Verlobte.‹

›Das stimmt‹, gab meine Mutter zu, ›aber das Foto wurde vor fünfzig Jahren geknipst. Siehst du denn aus wie vor fünfzig Jahren? Bist du nicht auch alt geworden? Schau doch mal in den Spiegel!‹

›Das ist etwas anderes. No, no. So eine Alte heirate ich nicht. Ich brauche ein knackiges Girl – höchstens fünfundzwanzig Jahre alt, mit schneeweißen Zähnen, schlanker Figur, blonden Haaren, Mandelaugen und Grenadin-Busen. Kurz – ich möchte eine richtige Orientalin heiraten.‹

›Du Trottel, so eine will doch keinen Schlappschwanz, wie du es bist! Meine Schwester hat fünfzig Jahre auf dich gewartet!‹

Es war nichts zu machen. Mister You-know wollte eine junge Frau. ›Na gut, wenn du unbedingt willst, suche ich dir das tollste Girl von Beirut. Für meine Bemühungen und die Braut mußt du aber tief in die Tasche greifen.‹

Es war allerdings schwer, Geld aus ihm herauszulocken, denn er war sehr geizig. Mit einem Teebeutel kochte er zehn Tassen Tee, mit einem Kaffeelöffel Nescafé brühte er eine ganze Kanne Kaffee auf. Er war sogar dagegen, das Trinkwasser im Kühlschrank aufzubewahren, weil das angeblich zuviel Strom kostete. Dennoch gelangte meine Mutter ans Ziel.«

Mit diesen Worten beendete Abu al Abed die Geschichte für diesen Abend und wünschte seinen Zuhörern eine gute Heimkehr. Er war müde geworden und ging nach Hause.

Am nächsten Abend, Punkt neun Uhr, kehrte er wieder ins Café zurück. Nachdem die Gäste einen Kreis gebildet hatten und Ruhe herrschte, trank Abu al Abed einen Schluck Tee, um seinen Hals anzufeuchten, und fragte wie immer: »Wo war ich das letzte Mal stehengeblieben?«

Einer der Gäste antwortete: »Als deine Mutter eine Braut für Mister You-know suchte.«

»Ach ja, jetzt kann ich mich erinnern. Also – meine Mutter verlangte vier Wochen Zeit, um ihm die schönste Braut Beiruts zu suchen. Tatsächlich fand sie eine bildhübsche Frau. Als Mister You-know sie sah, war er sehr angetan und wollte sie sofort heiraten.

Beim ersten Date schlief er leider nach fünf Minuten ein. Meiner Mutter war das sehr peinlich. Sie trat ihm deshalb auf die Füße. Als er erwachte, erklärte meine Mutter ihm die Heiratsbedingungen: Er habe seine Braut von Kopf bis Fuß neu einzukleiden und mit Gold zu behängen.

Mister You-know wollte das lieber erst nach der Hochzeit tun, aber das lehnte meine Mutter ab.

Also ging meine Mutter schon am nächsten Tag mit dem Mädchen auf die Hamrah – die teuerste Straße Beiruts. Dort kleideten sie sich – nicht nur das Mädchen, sondern auch meine Mutter und die ganze Familie des Mädchens – völlig neu ein. Anschließend machten sie einen Besuch beim besten Juwelier und kauften mindestens zwei Kilogramm Gold- und Diamantenschmuck.

Mister You-know war von dem Rummel und dem Straßenlärm völlig erschöpft und hatte die Übersicht über seine American-Express-Kreditkarte verloren.

Am Sonntag war die Hochzeit. Der Bischof von Beirut höchstpersönlich traute das Paar. Mister You-know trug einen Smoking mit den Stars und Stripes der amerikanischen Fahne. Selbiges Muster wiederholte sich am Zylinderhut. Seine Braut erstrahlte in jungfräulichem Weiß.

Hohe Persönlichkeiten aus Politik und Wirtschaft Beiruts waren zugegen. Die Kirche war überfüllt, und die Straßen waren verstopft. Meine Mutter hatte die größte Hochzeit in der Geschichte Libanons arrangiert.

Sieben Tage und sieben Nächte lang wurde gefeiert und das ganze Viertel verköstigt.

Am achten Tage wollte Mister You-know endlich die Ehe vollziehen. Er ging ins Badezimmer, um sich frisch zu machen. Zuerst lüftete er sein Toupet, dann versorgte er sein Hörgerät mit neuen Batterien. Um seine Zahnprothese vor Schaden zu bewahren, legte er sie lieber in ein Glas. Er bespritzte sich noch schnell mit einem halben Liter Eau de Cologne und zog einen seidenen, schwarzen Morgenrock über, der gut mit seinen schwarz-rot karierten Shorts harmonierte.

Dann eilte er ins Schlafzimmer und legte sich neben seine Braut.

Das Licht im Raum war gedämpft.

Mister You-know streichelte ihr das Haar, dann den Hals und die Brust – erst langsam, doch allmählich immer heftiger.

Plötzlich gab es einen lauten Knall, ihm flog etwas um die Ohren, und dann war die Braut weg, und nur noch ihr Nachthemd lag neben ihm.

Mister You-know erschrak fürchterlich. Er war so fassungslos, daß er eine Packung Valium schlucken mußte, um sich zu beruhigen.

Dann zog er sich an und rannte zu meiner Mutter, die noch im Hause weilte. Er beschuldigte sie des Betruges und verlangte sein Geld oder die Braut zurück, ansonsten würde er sie anzeigen.

Meine Mutter lachte ihn aus. ›Uns hast du betrogen. Meine Schwester hat fünfzig Jahre lang vergebens auf dich gewartet. Auch ihr steht ein Teil der Brautgeschenke zu. Nichts bekommst du zurück! Die Gummipuppe, die ich dir ins Bett gelegt habe, war gerade richtig für dich.‹

›Ich will aber eine echte Frau‹, beharrte Mister You-know.

›Was ist denn an *dir* noch echt?‹ gab meine Mutter zurück und warf ihn mitsamt seinen fünf Koffern aus dem Haus.«

Abu al Abed lehnte sich zurück: »Aber jetzt bin ich müde,

verehrte Gäste, und morgen abend sehen wir uns, wie ich hoffe, wieder. Ich werde euch dann ein neues Abenteuer erzählen.«

Am nächsten Abend, es war genau neun Uhr, betrat Abu al Abed das Café, begrüßte die Gäste und nahm Platz auf seinem Hocker. Dann trank er einen Schluck Tee, um seinen Hals anzufeuchten, und bat um Ruhe.

»Wo bin ich das letzte Mal stehengeblieben?« fragte er.

Einer der Zuhörer antwortete: »Du hast von dem Cousin aus Amerika erzählt, der deine Tante nicht heiraten wollte und den deine Mutter aus dem Haus warf.«

»Diese Geschichte ist schon zu Ende. Heute erzähle ich euch eine neue.

Vor einigen Jahren, verehrte Gäste, war ich als Schafschmuggler tätig. In diesem Beruf verdiente ich viel Geld, beinahe mehr als ein Ölscheich. Der Beruf war sehr sauber, man brauchte sich nicht besonders anzustrengen. Zu dieser Zeit hatte ich das Vergnügen, die großen und kleinen Politiker des Orients kennenzulernen. Ich kannte sie alle, vom mächtigen Präsidenten bis zum kleinen Beamten in den Rathäusern unseres Landes und der Nachbarländer.

In diesem Beruf mußte ich immer elegant gekleidet sein, mein Anzug war von Pierre Cardin geschneidert und die Krawatte von Christian Dior gefertigt. Die Schuhe waren in England nach Maß gearbeitet. Ich trug einen Hut in der Form einer Melone und in der Hand eine Diplomatentasche, in der sich das Bakschisch für die Beamten befand. Außerdem hatte ich Brot, Käse und eine Thermosflasche mit Tee dabei. Ich war oft unterwegs und wollte nicht in Restaurants essen; die meisten Lokale waren leider sehr dreckig. Ich fuhr einen weißen Mercedes, wie es sich gehört für den Boß einer Gesellschaft mit beschränkter Haftung.

Offiziell hatte ich meine Firma in der Handelskammer eingetragen. Sie hieß ›Orient-Express‹. Ich hatte ein ganzes Bürohaus in der City gemietet und beschäftigte 150 Angestellte. Ich selbst war meistens nicht im Büro, ich pflegte vor allem die Kontakte zu den Grenzbehörden.

Wenn ich zur Grenze fuhr, hatte ich viele Geschenke für die Zollbeamten dabei, und ich wußte genau, was sie mochten.

Die Geschenke waren dem Rang der Beamten entsprechend ausgesucht. Hatte einer einen hohen Dienstgrad, bekam er von mir ein entsprechendes Bakschisch, eine Flasche Whisky oder Champagner und ein paar Kilo frischen Fisch, weil es an der Grenze selten frischen Fisch gab. Dem Unteroffizier brachte ich eine Stange Marlboro mit, ich wußte, daß er diese Sorte gerne rauchte, der Obergefreite bekam von mir Schokolade und Bonbons, er hatte zehn Kinder, und ich wußte, daß ich ihm mit diesem Geschenk eine große Freude bereiten konnte. Den Soldaten überreichte ich kleine Fläschchen Rasierwasser, die ich kostenlos von einer großen Parfumfirma als Werbegeschenk erhalten hatte. Ich gab jeden Monat nur für Geschenke mehr als zehntausend Pfund aus.

Wir schmuggelten die Schafe von der Türkei nach Syrien. In der Türkei kauften wir sie billig ein, und in Syrien verkauften wir sie für den zehnfachen Preis. Ich hatte so gute Beziehungen zur Behörde, daß ich drei Monate im voraus wußte, wann ein neuer Offizier an der türkisch-syrischen Grenze eingesetzt wurde; die Offiziere selbst wußten zu diesem Zeitpunkt noch nichts von ihrer neuen Stelle.

Als erster überbrachte ich ihnen die Nachricht. Ich sagte ihnen: ›Machen Sie sich keine großen Gedanken, woher ich die Information habe; in drei Monaten werden Sie an der Grenze eingesetzt, Sie bekommen von mir ein zusätzliches Monatsgehalt. Nur möchte ich von Ihnen, daß Sie die Augen zudrücken, wenn ich die Grenze mit meinen Schafherden überschreite. Es gibt da nicht viel zu diskutieren‹, sagte ich, ›falls Sie nicht einverstanden sind, werden Sie eben nicht an der Grenze eingesetzt und verdienen Ihren Hungerlohn weiter.‹

Fast alle waren mit meinem Angebot einverstanden. Auf diese Art pflegte ich die Geschäfte in Ordnung zu halten. Ich sagte euch schon, verehrte Gäste, daß dies eine saubere Arbeit ohne große Anstrengung war: Das Wichtigste in diesem Beruf, gut und geschickt zu reden und den richtigen Mann im richtigen Augenblick für mein Anliegen zu gewinnen, beherrschte ich ja ausgezeichnet. Ich betrieb das Schmuggeln offiziell, und meistens lief alles friedlich ab, ohne Krach und Ärger. Mit den Zollbeamten hatte ich folgendes ausgemacht: Sobald sie von weitem den weißen Mercedes und dahinter einen Konvoi von Lastwagen, voll mit Schafen, sähen, sollten sie sofort ihre Waffen einsammeln. Die würde ich dann so lange bei mir behalten, bis wir die Schafe auf die andere Seite transportiert hätten; dann würde ich zurückfahren und ihnen die Knarren zurückgeben.

Auf diese Weise bekamen die Beamten keinen Ärger mit dem Staat; es sah aus, als hätten wir sie bedroht und gezwungen, uns ihre Waffen zu geben. Deshalb sind die Zollbeamten auch nie bestraft worden.

Ich habe so viele Schafe geschmuggelt, daß der türkische Staat schließlich eine große Armee an der Grenze einsetzte. Ich bin dennoch mit ihr fertiggeworden.«

»Wie hast du das geschafft?« rief einer der Zuhörer.

Leise antwortete Abu al Abed: »Mit Beziehungen kann man alles erreichen. Ich kannte den Kommandanten sehr gut, seit Jahren bekam er von mir ein gutes Gehalt. Verehrte Gäste, ich habe so viele Schafe aus der Türkei geschmuggelt, daß das Land schließlich fast keine Schafe mehr hatte. Die Türkei war sogar gezwungen, Schafe aus Syrien zu importieren, obwohl die Türkei viele Jahrhunderte dafür bekannt gewesen war, die meisten Schafe im Orient zu haben.

Damit begann ein neuer Abschnitt meines Berufslebens. Ich kaufte jetzt die Schafe billig in Syrien ein, schmuggelte sie zurück in die Türkei und verkaufte sie dort für den zehnfachen Preis.

Um das Schmuggeln endlich zu verhindern, legte man Minen entlang der Grenze und holte Spezialisten aus den Vereinigten Staaten, denen man viel Geld bezahlte.

Das mußte ich eines Tages von meinem Generalsekretär erfahren. Er war der geborene Schmuggler, mehr im Knast als in Freiheit, und verfügte über ein solches Talent und so geschickte Hände, wie ich sie bei niemandem sonst gesehen habe. Ich sah ihn zum erstenmal weinen: ›Wir sind pleite‹, sagte er, ›gegen die Minen können wir nichts machen, wir können unser Geschäft schließen.‹

›Beruhigen Sie sich‹, antwortete ich, ›Sie brauchen keine Angst zu haben, wir werden mit den Minen schon fertig werden.‹

›Aber wie?‹

›Überlassen Sie das mir. Mit Hilfe Allahs werde ich es schaffen.‹

Ich duzte mich nie mit meinem Generalsekretär, obwohl wir seit zehn Jahren zusammenarbeiteten. Das gehört zum Geschäft: Ein Chef muß immer Distanz zu seinen Mitarbeitern wahren.

Die Minen abzuräumen war für mich ein fast unlösbares Problem. Aber das Geschäft mußte weiterlaufen, sonst hätte ich mein ganzes Personal entlassen müssen. Und kaum etwas lag mir mehr am Herzen als das Wohl meiner Mitarbeiter, verehrte Gäste. Sieben Tage und sieben Nächte überlegte ich, wie ich die Minen wegschaffen konnte. Dann kam mir eine gute Idee. Ich fuhr zum Grenzübergang und sah mir die Minenfelder an.

Dann sprach ich mit dem Bürgermeister des Grenzdorfes über das Problem.

›Die Bauern aus meinem Dorf können die Minen abmontieren. Haben Sie genug Geld für diese Arbeit?‹ fragte mich der hilfsbereite Mann.

›Aber selbstverständlich‹, antwortete ich. Ich stellte alle Männer des Dorfes ein und gab ihnen gutes Geld. In einem solchen Beruf muß man sehr großzügig sein, und ich bin von Natur aus großzügig. Es war unglaublich, wie schlau und intelligent diese Bauern waren, sie waren besser als die amerikanischen Spezialisten. Innerhalb eines Monats montierten sie alle Minen ab, ohne daß eine einzige explodierte. Es war großartig, verehrte Gäste, ich war sehr überrascht über ihre geschickten und sensiblen Hände. Wieder war es mir gelungen, das Geschäft zu halten.

Mehr als zehn Jahre betrieb ich dieses Unternehmen. Doch eines Tages lief es nicht mehr, weil der türkische und der syrische Staat einen Einheitspreis für die Schafe aushandelten. Da war ich gezwungen, den Laden zuzumachen und mich nach einer neuen Tätigkeit umzuschauen. Doch das war es für heute, verehrte Gäste, morgen fällt mir bestimmt ein neues Abenteuer ein.«

Aber die Zuhörer schrien: »Du bleibst hier und erzählst weiter! Wir sind noch nicht müde, es ist noch nicht zehn Uhr. Wir lassen dich nicht raus!«

Sie schlossen die Tür des Cafés und bewachten die Fenster und den hinteren Ausgang. »Zugabe, Zugabe!« riefen sie immer wieder. Es war nichts zu machen, alles war gut bewacht. So blieb Abu al Abed nichts übrig, als ihnen noch ein Abenteuer zu erzählen. »Na gut«, sagte er, »ausnahmsweise erzähle ich euch noch eine Geschichte. Was wollt ihr hören?«

Gerade als Abu al Abed beginnen wollte, stürmte Polizei das Café. Abu al Abed wurde verhaftet und eine Woche in Untersuchungshaft gehalten. Am achten Tag wurde er vom Polizeichef zum Verhör gerufen. »Also Sie sind der Mann, hinter dem ich seit fünfzehn Jahren her bin«, sprach er triumphierend zu Abu al Abed. »Sie können mir viele Märchen erzählen, ich glaube Ihnen keines. Ich habe eine dicke Akte mit Fotos, die die Wahrheit beweisen.«

Abu al Abed stand vor dem Schreibtisch des Polizeichefs und verstand nicht, was der von ihm wollte. »Was für eine Akte, was für Fotos? Warum bin ich überhaupt seit einer Woche im Gefängnis? Was habe ich verbrochen, was habe ich getan?«

»Spielen Sie ja nicht den Naiven, Sie wissen genau, was Sie verbrochen haben. Sie haben vor einer Woche selbst zugegeben, daß Sie ein großer Schmuggler sind und Tausende von Schafen aus der Türkei nach Syrien geschmuggelt und keinen einzigen Piaster Zoll bezahlt haben. Und gerade diesen Mann suche ich seit fünfzehn Jahren.«

»Das ist ein Irrtum, Herr Polizeichef, ich habe niemals in meinem Leben geschmuggelt.«

»Seit fünfzehn Jahren habe ich einen Haftbefehl des Obersten Gerichtshofs in der Hand und konnte Sie nicht finden. Jetzt endlich habe ich Sie in der Gewalt. In Abwesenheit wurden Sie schon vor langer Zeit zu zehn Jahren Gefängnis verurteilt. Das ist Ihr Urteil, Sie können es selber lesen.«

»Was ich erzählt habe, ist doch eine erfundene Geschichte, ein Märchen, das nichts mit mir zu tun hat. Sie wissen doch, Herr Polizeichef, ich bin ein Märchenerzähler. Ich verdiene mein Brot mit Lügen. Das ist meine Arbeit. Und es ist mein Recht zu lügen, ich schade niemandem damit.«

»Was Sie erzählt haben, ist nicht gelogen, es ist eine wahre Geschichte, sie stimmt hundertprozentig.«

»Ich bin nicht der Mann, den Sie suchen. Bitte, darf ich die Akte und die Fotos sehen?«

Der Polizeichef holte die Schriftstücke und Fotos. Sehr lange schaute Abu al Abed die Bilder an. »Leider muß ich Sie enttäuschen. Ich bin nicht der Mann, den Sie suchen.«

Die Übereinstimmung der Fotos mit dem Festgenommenen wurde von zahlreichen, vom Gericht bestellten Gutachtern überprüft. Nach langem Hin und Her stellten sie fest, daß eine Ähnlichkeit mit Abu al Abed zweifellos vorhanden sei, daß dieser aber nicht der seit fünfzehn Jahren gesuchte Mann sei. Die Fotos zeigten einen hohen Abgeordneten, der in der Regierung einen Sitz hatte; deshalb drückte die Polizei ein Auge zu und bestrafte ihn nicht. Dagegen verbrachte Abu al Abed drei Monate im Gefängnis, ohne Entschädigung oder Entschuldigung.

Nach drei Monaten erschien Abu al Abed wieder im Café. Die Gäste freuten sich sehr. Sie ließen ihn hochleben und feierten ihn wie einen Helden. Er begrüßte sie und nahm wie immer Platz auf seinem Hocker. Nachdem ein Kreis gebildet war und Ruhe herrschte, trank Abu al Abed einen Schluck Tee, um seinen Hals anzufeuchten. Dann begann er mit einem neuen Abenteuer.

»Meine Mutter war eine starke und kluge Frau, verehrte Gäste. Kein Wunder, sie hat mich ja zur Welt gebracht. Es gibt keinen Mann auf dieser Erde, der so viel gereist ist wie Abu al Abed und so viele Abenteuer erlebt hat. Das Geschichtenerzählen habe ich von meiner Mutter gelernt; hätte sie schreiben und lesen können, wäre sie die größte Schriftstellerin aller Zeiten geworden. Ach, sie konnte außergewöhnlich schwatzen, ununterbrochen konnte sie ihre Zunge bewegen und wie eine Peitsche rollen, alle Frauen unseres Viertels hatten große Achtung vor ihr, und sogar die größten Politiker. Für die Bischöfe aber hatte sie eine besondere Schwäche. Sie konnte keinen Bischof sehen, ohne ihn zu verführen.

Sie hatte mehr als zwanzig Bischofshüte in ihrem Kleiderschrank. Aber da sie ihre Liebesaffären immer verheimlichen mußte, hatte sie ein schweres Leben. Ihr wißt, verehrte Gäste, daß die arabischen Frauen ihren Männern treu bis zum Tode bleiben müssen. Meine Mutter hat sich siebenmal scheiden lassen, weil die Männer ihre Kinder schlugen.

Mit fünfzig beschloß sie, allein zu bleiben, und ab und zu ging sie auf einen Sprung in die Kirche, um sich einen Bischof in die Wohnung zu holen. Zuerst las er ihr aus der Bibel vor, dann nahm sie ihn mit in ihr Zimmer, und uns Kinder schickte sie ins Freie. Sie hatte nie ein schlechtes Gewissen, die Liebe mit Bischöfen sah sie nie als Sünde an. Wenn meine Mutter Petrus gesehen hätte, hätte sie sogar ihn verführt, denn sie war eine sehr hübsche Frau. Ihre Haut war honigfarben, und sie hatte lange, schwarze Haare mit Locken. Ihr Mund war rund und rot wie eine Kirsche, die Augen waren schön wie Perlen, und ihre Nase war klein und spitz. Sie war zwei Meter groß und wog über zwei Zentner, das ideale Gewicht für eine orientalische Frau. Obwohl sie arm war und für vierzehn Kinder sorgen mußte, kleidete sie sich besser als alle eleganten Frauen von Beirut zusammen. Sie kaufte Stoffreste billig ein und nähte sich damit die hübschesten Kleider der Welt, sie hätte auch eine berühmte Schneiderin werden können.

Doch zurück zu ihrer Leidenschaft für Bischöfe. Die Liebe zu meiner Mutter hat keinem von ihnen geschadet. Im Gegenteil. Die Bischöfe, die sich auf meine Mutter einließen, stiegen alle zum Patriarchen auf, dem höchsten Amt in der orthodoxen Kirche.

Ich erinnere mich da an ein lustiges Abenteuer, als sie mich zum Patriarchen von Damaskus mitnahm. Damals war ich noch ein Kind, und meine Mutter wollte unbedingt, daß der Patriarch von Damaskus mich segnete, weil ich zu dieser Zeit mager war wie ein Brett.

Am Tag, als wir nach Damaskus fahren wollten, hatte sich meine Mutter die Augen mit einem hellgrünen Stift bemalt und ihren Mund knallrot. Sie zog ihr schönstes Kleid an, das mit vielen Blumen bestickt war, und am Hals trug sie ihre wertvollsten Ketten.

Sehr früh am Morgen fuhren wir mit dem Autobus nach Damaskus. Unterwegs überfiel uns eine Räuberbande. Die Passagiere fingen an zu zittern, doch meine Mutter beruhigte sie: ›Ihr braucht keine Angst zu haben, ich werde mit den Räubern schon zurechtkommen.‹ Dann sagte sie dem Busfahrer, er solle sich ruhig verhalten, sie werde mit dem Räuberhauptmann verhandeln. Inzwischen hatten die Räuber den Bus umzingelt, einer von ihnen schoß in die Luft, um uns zu erschrecken.

Meine Mutter aber blieb tapfer und ließ sich nicht einschüchtern. Mit lauter Stimme rief sie: ›Wer ist euer Hauptmann? Ich will ihn sofort sprechen!‹

Da näherte sich meiner Mutter ein kleiner Mann, Mitte Fünfzig. Seine Zähne hatte er verloren, seine Augen blitzten wie Feuer, und er hatte eine Glatze, die wie eine Melone glänzte.

›Mein Kind!‹ sagte sie zum Räuberhauptmann. Sie umarmte ihn und begann ihn zu küssen. Verwirrt ließ der Räuber seinen Revolver auf den Boden fallen. Meine Mutter sagte: ›Erinnerst du dich nicht mehr an deine alte Jugendfreundin?‹ Sie hatte ein gutes Gedächtnis. Obwohl viele Monate und Jahre vergangen waren, hatte sie ihn am Muttermal in seinem Gesicht erkannt. Er stammte aus dem gleichen Stadtviertel wie sie, und als sie Kinder waren, hatten sie oft Räuber gespielt. Er war der Räubervater, meine Mutter die Räubermutter gewesen, oft hatten sie sich geschlagen, dann wieder vertragen, dann wieder verkracht und dann wieder versöhnt. Schon damals hatte der Räuber großen Respekt vor meiner Mutter, weil sie so mutig war wie er selbst. Sie hatte auch später als Erwachsene keine Angst vor Männern.

Endlich erkannte der Räuberhauptmann meine Mutter, und er fing vor Freude an zu weinen, denn er hatte sie sehr geliebt. Aber sie klopfte ihm auf die Schulter und beruhigte ihn. Der Räuber sagte: ›Ich bitte dich um Verzeihung, hätte ich gewußt, daß du in dem Bus saßt, hätte ich ihn nie aufgehalten.‹

›Schon gut‹, sagte meine Mutter, ›sonst hätten wir uns nie wiedergesehen, das ist doch ein schöner Zufall, nicht wahr?‹

›Und ob!‹ rief der Räuberhauptmann in großer Begeisterung. ›Heute abend seid ihr alle meine Gäste, wir werden die ganze Nacht durchfeiern, und erst morgen fahrt ihr weiter. Bist du einverstanden?‹

›Ich ja‹, sagte meine Mutter, ›aber ich muß meinen Sohn

und die anderen Fahrgäste fragen, ob sie auch Lust dazu haben.‹

Ich, Abu al Abed, war gleich einverstanden, aber die Fahrgäste hatten zuerst Bedenken. Meine Mutter versprach ihnen aber, daß die Räuber ihnen nichts Böses antun würden.

Ach, das war damals sehr abenteuerlich, mit den Räubern zu feiern. Ich kann mich an dieses Fest noch gut erinnern. Die ganze Nacht blieb ich wach, die anderen aber wurden nach und nach müde und schliefen ein.

Die Räuber waren sehr gastfreundlich zu uns. Keine Frau wurde von ihnen belästigt. Die Räuber zündeten ein großes Feuer an, und dann wurden mehr als hundert Kamele, Hammel und Hühner gegrillt. Wir saßen im Kreis um das Feuer, am Himmel funkelten die Sterne wie Diamanten, der Wind wehte leicht und angenehm, und wir spürten ihn auf dem ganzen Körper. Die Luft roch nach einer Mischung aus gegrilltem Fleisch und Piniennadeln, ein Vogel sang die schönsten Abendmelodien, eine Wolke zog über uns dahin, und für kurze Zeit war der Mond verdeckt.

Der Räuberhauptmann füllte uns die Gläser mit Arrak, sogar mir schenkte er ein volles Glas ein. Meine Mutter sagte zu mir: ›Genier dich nicht, Junge, früher oder später wirst du dieses Gift sowieso probieren. Aber paß auf, daß du nicht mehr als ein Glas trinkst, sonst wird es dir schlechtgehen.‹

Ich trank das erste Glas, es schmeckte mir gut; dann trank ich das zweite Glas, ich merkte noch nichts; beim dritten und vierten Glas wurde mir komisch, mein Kopf war plötzlich schwer und begann sich zu drehen. Ich sah, wie sich die Erde nach oben drehte und der Himmel nach unten, die Frauen sah ich als Männer und die Männer als Frauen, alles sah ich doppelt und dreifach. Das Merkwürdigste aber war, daß die Menschen statt auf ihren Beinen auf den Händen liefen, darüber habe ich laut gelacht. Vor niemandem mehr hatte ich Respekt, weder vor meiner Mutter noch vor dem Räuberhauptmann. Auf einmal aber wurde meine Zunge schwer, so daß ich rückwärts sprach. Für ein einziges Wort brauchte ich eine Stunde. Die Leute machten sich über mich lustig und amüsierten sich sehr. Auf diesem Fest war ich der Mittelpunkt, und das ist auch ganz natürlich, bin ich doch Abu al Abed al Beiruti, der Volksheld von Beirut. Anschließend lag ich auf dem Schoß eines Räubers, der mir seine wildesten und seltsamsten Abenteuer erzählte.

Später werde ich, meine verehrten Gäste, davon berichten, jetzt aber bin ich heiser und müde geworden. Außerdem fällt mir im Moment nichts mehr ein.«

Die Gäste waren sehr neugierig und wollten mehr hören, auch über den Besuch Abu al Abeds und seiner Mutter beim Patriarchen von Damaskus. Aber Abu al Abed lehnte ab.

Widerstrebend willigten die Männer schließlich ein, daß Abu al Abed endete, in der Hoffnung, morgen mehr zu hören.

Am nächsten Abend, Punkt neun Uhr, betrat Abu al Abed wieder das Café. Er begrüßte die Gäste und setzte sich auf seinen Hocker. Nachdem ein Kreis gebildet war und Ruhe herrschte, trank Abu al Abed einen Schluck Tee, um seinen Hals anzufeuchten. Dann fragte er wie immer: »Wo war ich das letzte Mal stehengeblieben?«

Einer der Gäste sagte: »Du hast auf dem Schoß des Räuberhauptmanns gesessen und wolltest uns erzählen, was der erlebt hatte.«

Ein anderer Gast widersprach: »Du wolltest uns die Geschichte vom Besuch beim Patriarchen erzählen.«

Die Gäste wurden sich nicht einig, es entstand ein großer Tumult, Gläser und Stühle flogen durch den Saal, bis Abu al Abed vorschlug abzustimmen; es dauerte über eine Stunde, bis es wieder ruhig war und man mehrheitlich beschlossen hatte, die Geschichte vom Patriarchen zu hören. Endlich konnte Abu al Abed anfangen.

»Meine verehrten Gäste, der Patriarch von Damaskus wohnte in einem märchenhaften Schloß mit einem großen Garten. Mehr als hundert Pinien- und Araukarienbäume wuchsen dort, Kastanien und Dattelpalmen. Es gab Obst und Gemüse, Ananas, Bananen, Artischocken und sogar Avokados. Wenn ich euch alle Pflanzenarten, die es dort gab, aufzählen wollte, ich bräuchte wohl eine ganze Woche.

Ich sah auch einen großen Teich, in dem rote Fische schwammen, die mehr als zwanzig Kilo wogen. Auch waren dort Langusten, Krebse und Forellen zu sehen. Der gefährlichste Fisch in diesem Gewässer aber war ein Hai. Es wunderte mich, daß er friedlich bei den anderen Fischen lebte und sie nicht fraß; er war vom Patriarchen gesegnet worden, das hat uns der heilige Mann später erzählt.

Ach, es war herrlich, durch den Garten zu spazieren. Die vielen Vögel! In allen Arten und Farben flogen sie ungehindert umher, es war ein kleines Paradies. Der Patriarch verstand es, angenehm zu leben, er hatte einen außerordentlichen Geschmack.

Der Palast war aus Marmor erbaut und mit Mosaiken verziert, die Böden waren mit Perserteppichen ausgelegt, und an den Wänden hingen kostbare Gobelins. Ein einziger Teppich kostete mindestens 100 000 bis 200 000 Pfund, meine verehrten Gäste.

Der Palast war drei Stockwerke hoch. Im dritten Stock wohnte der Patriarch, das zweite Stockwerk bewohnten seine Besucher, das Erdgeschoß war für Empfänge eingerichtet, und im Keller wohnten die Gärtner, Köche und Diener.

Wir wurden zum Sekretär geführt, der mit dem Patriarchen telefonierte. Nach einer Weile durften wir mit Erlaubnis Seiner Exzellenz mit dem Aufzug zum Gästeflügel hinauffahren.

Als wir den Salon betraten, kam uns ein fürchterlicher Gestank wie aus einem Schweinestall entgegen. Da saßen nebeneinander zwölf Popen. Alle trugen schwarze Talare, schwarze Kopfbedeckungen und schwarze Bärte. Sie sahen aus wie eine Schar Raben. Meine Mutter ärgerte sich über den Gestank, und sie rief empört: ›Habt ihr keinen Respekt vor Frauen? Zum Teufel, öffnet wenigstens die Fenster. Was ist los mit euch, warum furzt ihr so viel?‹

Die Popen antworteten wie im Chor. Doch es waren griechische Popen, und meine Mutter verstand ihre Sprache nicht. Mit Händen und Füßen erklärten sie ihr jedoch, daß sie Gäste des Patriarchen seien und dieser ihnen seit einer Woche mittags weiße Bohnen mit viel Zwiebeln und Knoblauch gebe, deshalb hätten sie diese Blähungen. Meine Mutter lachte, aber sie ärgerte sich auch über den Patriarchen, weil er so geizig war. ›Arme Geschöpfe‹, sagte sie, ›ich verspreche euch, daß ich mit dem Patriarchen über eure Mißhandlung reden werde, ab morgen werdet ihr besseres Essen bekommen.‹

Der Sekretär kam und teilte uns mit, daß Seine Exzellenz auf uns warte. Meine Mutter ging voran und ich hinterher. Der Patriarch war klein und dürr, er sah aus wie ein Gespenst, 100 bis 150 Jahre war er alt, verehrte Gäste. Meine Mutter begrüßte ihn sehr herzlich, sie hob ihn ein Stückchen vom Boden hoch und küßte ihn. ›Paulchen‹, sagte sie, ›erinnerst du dich an die schönen Zeiten?‹

›Ja, mein Kind‹, sagte er, ›aber rede nicht so laut, sonst blamierst du mich, Kind. Ich möchte dich bitten, dich etwas zu beherrschen. Ich bin alt geworden und will rein vor meinen Gott treten, ich kann mir keine Sünde mehr leisten.‹

Meine Mutter war beleidigt: ›Ich bin nicht zu dir gekommen, weil ich dich verführen will, ich habe einfach Sehnsucht nach dir, Kleiner.‹

›Kind, wie redest du mit mir‹, sagte er.

›Wie früher, mein Schatz. Oder bist du Patriarch geworden und hast auf einmal deine alten Freunde vergessen? Ich bin zu dir gekommen, damit du mein Kind segnest. Schau mal, wie hübsch er ist.‹

Der Patriarch guckte mich mit starren Augen an. Ich hatte Angst vor ihm und dachte, daß er mich beißen würde, doch zum Glück nahm er nur eine dicke Bibel und legte sie mir auf den Kopf. Er sprengte einige heilige Wassertropfen auf meine Stirn und meine Haare und murmelte leise vor sich hin.

Schließlich begann er eine lange Predigt über die Liebe zu halten, ich verstand kein Wort davon, und dann wandte er sich meiner Mutter zu und sagte: ›Du kommst aus Beirut hierher und bringst mich aus dem Konzept.‹

›Was für ein Konzept hast du denn, mein Paulchen?‹

›Ich habe dir gesagt, daß du dich beherrschen sollst, mein Kind‹, sagte er ärgerlich, ›ich hatte vor, den ganzen Tag zu meditieren. Ich muß mich entschuldigen, habe leider keine

Zeit mehr für euch. Mein Sekretär und die Popen werden sich um euch kümmern.‹

›Deine Popen stinken wie die Pest‹, sagte meine Mutter, ›und du bist schuld daran, du bist geizig geworden.‹

›Ich, wieso?‹ fragte der Patriarch.

›Weil du die Popen täglich mit weißen Bohnen fütterst, du sollst ihnen dieses Gift nicht mehr anbieten.‹

›Es ist doch Fastenzeit, sie dürfen kein Fleisch und keine Butter essen‹, sagte der Patriarch.

›Fastest du auch, Paulchen?‹ fragte meine Mutter neugierig.

›Ich habe ein Magengeschwür, der Arzt hat mir das Fasten verboten, ich darf nur noch mageres, gekochtes Kalbfleisch und Gemüse mit Butter essen.‹

›Ach, wie schade, ich habe dir fünf Kilo Baklawa mitgebracht, aber jetzt, bei deiner Magengeschichte, muß ich mein köstliches Baklawa leider wieder mitnehmen.‹

Der Patriarch war sehr gierig, als er vom Baklawa hörte; wenigstens ein Stück von diesem herrlichen, süßen Kuchen wollte er probieren, weil in Beirut bekanntlich das beste Baklawa gebacken wird. Meine Mutter aber sagte: ›Du mußt auf deine Gesundheit achten, mein Schatz. So leid es mir selbst tut, ich darf dir nichts von jener Köstlichkeit geben.‹

›Wenn du mir wenigstens ein Stückchen gibst, verspreche ich dir, daß die Popen ab morgen besseres Essen kriegen, Ehrenwort!‹ rief der Patriarch. Meine Mutter öffnete das Paket, und dem Patriarchen lief das Wasser im Munde zusammen. Schnell schob er das Baklawa hinein, und weg war es.

›Du hast genug‹, sagte meine Mutter, ›wir müssen jetzt gehen.‹

›Was willst du nun mit dem übrigen Baklawa machen?‹ erkundigte er sich.

›Ich werde es den Popen geben.‹

›Bist du verrückt?‹ rief der Patriarch, ›solch kostbare Süßigkeit gibst du den Popen? Die können sie gar nicht richtig schätzen.‹

Meine Mutter wurde ärgerlich, verabschiedete sich und verließ mit mir den Salon.

Wir wohnten sieben Tage und sieben Nächte in dem Palast des Patriarchen, und ich habe ihn nur dieses eine Mal gesehen. Die Popen zeigten uns Damaskus und den berühmten Soukh. Es gab viel Schönes zu sehen: Moscheen, Kirchen und viele alte arabische Paläste. Das alles interessierte mich aber wenig, am besten gefielen mir in Damaskus die Eiscafés. Es gab viele Sorten Eis: Vanille, Aprikose, Mandarine, Apfel, Pistazie, Knoblauch, Tomate und noch hundert andere Sorten. Man konnte das Eis einen ganzen Tag lang im Kühlschrank aufbewahren, ohne daß es schmolz. Und wißt ihr, warum? Auch das Eis war vom Patriarchen gesegnet worden.

Das Hammelfleisch aber schmeckte noch besser, es war so weich wie Butter.

Tagsüber besichtigten wir die Stadt, nachts schliefen wir im Palast. Meine Mutter hatte viel zu tun, sie war meist mit den Popen beschäftigt.«

Abu al Abed hörte plötzlich die Uhr schlagen. Es war schon elf Uhr; viel Zeit war verlorengegangen durch die lange Abstimmung am Anfang. Er wollte jetzt Feierabend machen, denn er war müde geworden; außerdem fiel ihm nichts mehr ein.

Aber die Gäste wollten mehr hören. »Ich erzähle euch morgen mehr, verehrte Gäste. Abu al Abed ist müde, das müßt ihr verstehen.«

Sie wollten ihn nicht aus dem Café lassen, es gelang ihm aber, aus dem Fenster zu steigen und nach Hause zu gehen.

Schließlich konnte der Kaffeehausbesitzer Abu al Abed, der jeden Monat eine Gehaltserhöhung forderte, nicht mehr bezahlen. Oft versuchte er, sich mit ihm anzufreunden, aber Abu al Abed wußte, daß es keine Freundschaft zwischen Besitzern und Angestellten gibt. »Wenn du willst, daß ich dein Freund werde«, sagte Abu al Abed eines Tages, »dann mußt du dein Café mit mir teilen, weil nur so eine Freundschaft entstehen kann.«

»Bist du verrückt geworden, Abu al Abed, ich habe seit so vielen Jahren Geld und Arbeit in dieses Café investiert, und du willst, daß ich dir alles schenke?«

»Seit ich im Café Geschichten erzähle, kommen viel mehr Leute. Ohne mich kannst du das Café schließen. Meinst du, Abenteuer zu erzählen, sei kein schweres Brot? Du kannst nach Feierabend schlafen, aber ich muß manchmal die ganze Nacht wach bleiben, um neue Geschichten zu erfinden. Es ist billiger für dich, wenn ich dein Partner werde, rechne es dir aus.«

Der Kaffeehausbesitzer nahm Papier und Bleistift und begann zu rechnen, und zum Schluß fand er das Angebot Abu al Abeds tatsächlich günstiger, das Café mit ihm zu teilen.

Der Traum Abu al Abeds konnte endlich Wirklichkeit werden: Seine Frauen bekamen von ihm schöne Kleider, seine Söhne weiße Pferde, seine Töchter goldene Armreifen, und den Kindern des Viertels kaufte er Süßigkeiten und sich selbst rote Schuhe. Das Geld, das er von seinem Schwiegersohn bekommen hatte, zahlte er zurück, er war jetzt von niemandem mehr abhängig.

Seit dem Tag, an dem sie Partner geworden waren, konnte der alte Besitzer nicht mehr den Chef spielen und nur hinter der Kasse sitzen, sondern mußte auch ab und zu den Boden fegen und die Gläser und Tassen abwaschen und andere Arbeiten verrichten, die er früher nicht gemacht hatte.

Punkt neun Uhr trat Abu al Abed ins Café, begrüßte die Kundschaft und nahm Platz auf dem Hocker, der für ihn bereitgestellt war. Sein Kompagnon fegte gerade den Boden und nahm Bestellungen auf. Nach einer kurzen Weile trat Ruhe ein. Alle warteten ungeduldig auf ein neues Abenteuer.

Nachdem Abu al Abed einen Schluck Tee getrunken hatte, um seinen Hals anzufeuchten, fragte er wie immer: »Wo war ich das letzte Mal stehengeblieben?«

Einer der Gäste antwortete: »Du warst mit deiner Mutter in Damaskus. Dort hat sie die Popenhosen gestopft. Die Popen waren mit ihren Künsten sehr zufrieden.«

»Dieses Abenteuer ist zu Ende erzählt, verehrte Gäste. Heute berichte ich euch von dem Abenteuer eines Fischers, den ich selbst kannte.

Eines Tages kam ein Bekannter zu mir, mit Tränen in den Augen.

›Ist deine Frau gestorben, sind deine Kinder verunglückt?‹ fragte ich den Mann.

›Nein!‹ rief er.

›Dann ist doch alles gut‹, antwortete ich ihm.

›Es ist mir noch Schlimmeres passiert: Mein einziges Haus habe ich Stein um Stein abgerissen, und jetzt ist meine Familie obdachlos!‹

›Bist du wahnsinnig geworden? Erst vor einem Jahr hast du das Haus gebaut!‹ sagte ich.

›Es ist nicht meine Schuld, man hat ein schreckliches Komplott gegen mich inszeniert.‹

›Wer hat dich betrogen, und was für ein Komplott ist das?‹

›Ich brauche deine Hilfe‹, sagte er verzweifelt, ›willst du mich unterstützen?‹

›Ich kann dir nur helfen, wenn ich weiß, worum es sich überhaupt handelt.‹

›Ich werde dir meine Geschichte gleich erzählen, aber du

mußt mir versprechen, daß du ein Mensch bist, der nicht lügt und nichts verrät.‹

›Ja, natürlich, ich habe noch nie in meinem Leben gelogen. Und schweigen kann ich wie ein Grab. Du brauchst keine Angst zu haben, ich werde dir helfen, wenn es geht.‹

Und so hat der Mann angefangen, verehrte Gäste, mir seine Geschichte zu erzählen.

Er war ein armer Fischer, er besaß nur ein kleines Boot und ein kleines Haus. Die Fischer sind meist ehrliche Menschen, und sie verfügen über eine große Phantasie. Sie hoffen, daß sie eines Tages einen ganz großen Fisch fangen und dadurch reich werden. Das ist ihr Traum, aber kein Fischer, den ich kannte, ist bis jetzt reich geworden.

Mein Bekannter lebte in El Mina, einer kleinen Hafenstadt im Norden des Libanon. Auch ich wohnte damals dort.

In El Mina haben viele Männer Langeweile, weil dort oft jahrelang nichts Aufregendes passiert. Außer einigen Kinos oder Cafés gibt es nichts, wohin man gehen könnte. Viele arbeiten nur ein paar Stunden am Tag. Andere sind völlig arbeitslos und verbringen ihre ganze Zeit im Café. Um sich dort nicht zu langweilen, suchen sie sich gutmütige Menschen, um ihnen zu schaden. Wegen eines derartigen Scherzes hatte der Fischer sein einziges Haus abgerissen; was ich euch erzähle, verehrte Gäste, ist wahr.

›Im Namen der Ewing Oil Company‹, sagte der Fischer, ›wurde dieses Komplott gegen mich angezettelt. Vor einiger Zeit erhielt ich einen Brief in englischer Sprache. Ich ließ ihn mir übersetzen und konnte seinen Inhalt zuerst nicht glauben. Ich las die Übersetzung des Briefes mehrere Male, bis ich verstand, was sie von mir wollten. Dann drehte ich durch, tanzte und sang. Vor Freude wurde ich beinahe wahnsinnig: Bald würde ich Millionär sein, und alle Menschen in El Mina würden große Achtung vor mir haben. Ich würde ein großes

Schloß und einen weißen Mercedes kaufen, wie ihn die arabischen Scheichs fahren, und meine Kinder würde ich in die besten Schulen schicken. Ich würde viel Geld verdienen und bräuchte keinen Finger mehr zu rühren.‹

Auf dem Brief leuchtete der Stempel von J. R., dem Chef der Ewing Oil of Texas. Diesen großen Ölkonzern kennt ihr ja, meine verehrten Gäste. Alles, was aus Amerika kommt, ist wunderbar, traumhaft und echt.

›Der Brief enthielt einen Vertrag, den die Firma mit mir abschließen wollte. Aber das alles war nichts als ein Komplott. Sie haben mir das Geschäft versaut, es ist nicht zu glauben‹, sagte der Fischer und weinte wieder.

Ich hatte ihn noch immer nicht verstanden. Er erzählte weiter, daß er sich einen großen Bagger besorgt hätte. Erst habe er den Garten durchwühlt, die Bäume und den Wasserbrunnen habe er zerstört und große Löcher gebohrt: ›Was ich suchte, war leider nicht zu finden. Ich riß den Fußboden meines Hauses auf, Türen und Fenster, Tapeten und Wände, alles riß ich ein. Dann bohrte ich mit einer großen Bohrmaschine zwanzig Meter tief in die Erde, bis ich auf eine dicke, schwarze Brühe stieß: Ein Jahr hatte ich in diesem Haus gewohnt und nicht gewußt, daß ich eine Ölquelle besaß. Reines Öl. Jetzt hatte ich es entdeckt, und ich war froh, daß ich mein ganzes Haus abgerissen hatte. Ich hatte einen großen Schatz gefunden, meine Urenkel würden noch davon leben. Von heute auf morgen war ich ein Ölscheich geworden, und ich dachte: Jetzt muß ich den Vertrag unterschreiben. Ewing Oil soll schnell mit seinen Öltankern kommen und das Öl holen. Aber alles muß geheim bleiben, sonst merkt es unsere Regierung und nimmt mir das Öl weg.

Die ganze Arbeit verrichtete ich bei Nacht, auch die Nachbarn sollten ja nichts erfahren. Aber J. R. war die ganze Zeit hinter mir her, er hat mir das Öl geklaut und mit Grundwasser vertauscht. Diese Verbrecher haben mein Leben ruiniert. Sie haben soviel Wasser auf mein Grundstück gepumpt, daß es im ganzen Viertel zu einer Überschwemmung kam. Die Polizei und die Feuerwehr mußten kommen: Über eine Woche brauchten sie, um das Wasser wegzupumpen, das war eine Katastrophe. Und die Nachbarn führten einen Prozeß gegen mich, weil ihnen durch das Wasser großer Schaden entstanden war. Das Gericht entschied, und das Urteil lautet: Ich muß 100 000 Pfund an die Nachbarn zahlen oder fünf Jahre ins Gefängnis. Ich bin verloren, und deshalb weine ich. Wirst du mir helfen, Abu al Abed?‹ fragte er zum Schluß.«

Einige der Kaffeehausgäste unterbrachen Abu al Abed und riefen: »Wir werden ihm helfen. Wenn jeder von uns ein Pfund bezahlt, dann ist das vielleicht ein kleiner Beitrag. Vielleicht können wir morgen eine Spendenaktion in der Stadt beginnen.«

Abu al Abed antwortete: »Es ist nichts zu machen, seit fünf Jahren sitzt der arme Fischer in der Klapsmühle, er hat seinen Verstand verloren. Schuld daran sind die Männer von El Mina: Wegen eines Scherzes haben sie jemanden ins Irrenhaus gebracht. Die Halunken hatten ihm einen gefälschten Brief geschrieben, und er hatte den Vertrag mit Ewing Oil für bare Münze genommen.

Das ist die heutige Geschichte, verehrte Gäste, sie ist kurz, aber ich hoffe, daß sie euch gefallen hat.«

Zum zweitenmal ließen die Gäste Abu al Abed, ohne ihn zu bedrängen, nach Hause gehen. Diese Geschichte hatte fast alle nachdenklich gemacht.

Fast ein Jahr lang schon war Abu al Abed nicht mehr im Café erschienen. Niemand wußte, warum. Die Gäste waren zu seinem Haus gezogen, um ihn, wie sie es früher manchmal getan hatten, von dort zu holen; doch auch seine beiden Frauen wußten nicht, wo er war. Tränenüberströmt teilten sie den herbeigeeilten Kaffeehausgästen diese traurige Nachricht mit.

Von diesem Tage an war es im Café nicht mehr, wie es gewesen war. Die Gäste waren sehr niedergeschlagen, denn kein Geschichtenerzähler konnte Abu al Abed ersetzen. Sie mochten ihn und seine Abenteuer, weil sie teils erfunden, teils selbst erlebt waren und nicht aus Büchern vorgelesen wurden wie von anderen Kaffeehauserzählern. Nicht nur alte Leute hatten die Abenteuer Abu al Abeds gehört, es waren auch viele junge Menschen gekommen, obwohl in Beirut inzwischen fast jede zweite Familie einen Fernseher hat.

Seit langem habe ich keine Zeile mehr über Abu al Abed schreiben können, weil er verschwunden ist. Ich habe ihn überall gesucht: in Beirut, Algier, Bagdad, Tunis und Kairo. Ich habe keine Spur von ihm gefunden. Ich besuchte viele Cafés und fragte die Leute, ob sie einen Geschichtenerzähler namens Abu al Abed kennen. Viele Männer kannten ihn sehr gut und hatten seine Geschichten gehört, doch wo er sich jetzt befindet, wußte keiner. Es gab viele Gerüchte. Manche erzählten, er sei im Nil ertrunken, andere behaupteten, er sei am Stadttheater von Algier engagiert, andere sagten, er sei ein Filmstar geworden.

Der Basar von Damaskus, Alhamidiehe, ist einer der ältesten in Arabien. Hier hat sich seit Jahrtausenden nichts verändert. Das einzige, was neu ist, ist die Elektrizität. Hier schlägt noch immer das Herz der Stadt. Man flüchtet vor der Hast und dem Lärm der City und taucht unter in den dunklen, überdachten Gassen und Gäßchen des Soukh. Da sitzen wie eh und je die Handwerker und Kaufleute in ihren kleinen Buden, und die Waren stapeln sich in der Karawanserei, wo es wunderbar nach Seife, Zedernholz und Gewürzen riecht. Vor ihren Läden sitzen die Kaufleute auf strohgeflochtenen Hockern und halten Seidenstoffe und Baumwolle feil. Der Sesambrötchen-Verkäufer hat die Lenkstange seines Fahrrades mit blauen und roten Anemonen geschmückt. Ein schnurrbärtiger Eseltreiber wandert versonnen hinter seinen Lasttieren her, den Stock in der einen und ein rosa leuchtendes Blumensträußchen in der anderen Hand.

Hier im Soukh wurde mir gesagt: »Es gibt nur noch ein einziges Café in Alhamidiehe, in dem ein Märchenerzähler jeden Abend Geschichten vorträgt.«

Ich habe dieses Café gesucht und schnell gefunden, weil man mir den Weg gut beschrieben hatte.

Das Café war mit alten Möbeln eingerichtet. Die Tische standen nahe beieinander, an den Wänden hingen Bilder von arabischen Volkshelden.

Junge und alte Menschen saßen dort und spielten Karten, Tawlah oder Schach. Sie tranken Tee oder Kaffee aus kleinen Gläsern, und die meisten rauchten Wasserpfeife. Es roch nach persischem Tabak – ein angenehm süßer Duft. Die Männer redeten viel; manchmal verstanden sie sich, dann stritten sie sich, dann versöhnten sie sich wieder. Sie unterhielten sich über ihre Familien, über Politik und ihre Arbeit.

Als ich dem Treiben eine Weile zugeschaut hatte, ging ich zum Kaffeehausbesitzer und fragte ihn, ob er einen Märchenerzähler namens Abu al Abed kenne. »Nein«, erwiderte er, »ich habe nur von ihm gehört. Er soll aus Beirut stammen.«

Enttäuscht verließ ich das Café. Bis heute suche ich Abu al Abed. Und falls ich ihn eines Tages wiederfinden sollte, dann werde ich euch, verehrte Leserinnen und Leser, weitere Abenteuer über ihn erzählen.

dtv drei kontinente

Francis Bebey: Eine Liebe in Duala (11749)
Gioconda Belli: In der Farbe des Morgens (11565)
Tochter des Vulkans (11678)
J. M. Coetzee: Im Herzen des Landes (11566)
Gamal al-Ghitani: Der safranische Fluch oder Wie Impotenz die Welt verbessert (11785)
Bessie Head: Die Schatzsammlerin (11639)
Nâzım Hikmet: Die Luft ist schwer wie Blei (11570)
Eine Reise ohne Rückkehr (11776)
Ruth Prawer Jhabvala: Eine Witwe mit Geld (11569)
Die Liebesheirat (11811)
Yasunari Kawabata: Handtellergeschichten (11621)
Yaşar Kemal: Anatolischer Reis (11803)
V. S. Naipaul: An der Biegung des großen Flusses (11694)
Eine islamische Reise (11734)
Jusuf Naoum: Die Kaffeehausgeschichten des Abu al Abed (11768)
Pablo Neruda: Aufenthalt auf Erden (11815)
Der Große Gesang (11816)
Liebesgedichte (11817)
Letzte Gedichte (11818)
Ich bekenne, ich habe gelebt (11819)
Alifa Rifaat: Erste Liebe – letzte Liebe (11586)
João Guimarães Rosa: Grande Sertão (11598)
Nawal El Saadawi: Hamidas Geschichte (11571)
Eine Frau am Punkt Null (11714)
Gott stirbt am Nil (11810)
Ghada Samman: Alptraum in Beirut (11567)
Mit dem Taxi nach Beirut (11646)

José Mauro de Vasconcelos: Meine Brüder, der Wind und das Meer (11572)
Wenn ich einmal groß bin (11736)

Drei Kontinente. Eine Lesebuch aus Lateinamerika, Asien, Afrika und der arabischen Welt (11568)
Die Hälfte des Himmels. Frauen in Lateinamerika, Afrika, Asien und der arabischen Welt (11719)

Brücken zwischen den Kulturen

Nasrin Siege
Kalulu und andere afrikanische Märchen
Zeichnungen von Barbara Rieder
144 S., Hardcover, ISBN 3-86099-428-X
Nasrin Siege, im Iran geboren, in der Bundesrepublik aufgewachsen, sammelte in Afrika als »Mittlerin zwischen afrikanischer und europäischer Kultur« (Frankfurter Rundschau) Märchen von Kalulu, dem frechen Hasen, von Hippo und Hyäne, Löwe und Leopard und Chikishikishi, dem Ungeheuer.

Alev Tekinay
Das Rosenmädchen und die Schildkröte
Märchen für Kinder und Erwachsene
128 S., vierf. Hardcover, ISBN 3-925798-08-0
Und je mehr Märchen sie hörten, desto weniger war zu spüren von der Feindschaft zwischen den deutschen und ausländischen Kindern im Viertel... Phantastische Märchen zum Vorlesen und Gernhaben.

Jusuf Naoum
Karakus und andere orientalische Märchen
120 S., 2. Aufl., Fr. Br., ISBN 3-925798-51-X
Karakus ist der Till Eulenspiegel des orientalischen Märchens. Er entstammt mündlich überlieferten Volkstraditionen. Karakus ist ein sozialer Held, eine listige Gestalt aus dem Volk, der die korrupten und brutalen Herrscher besiegt.

Wadi Soudah
KAFKA und andere palästinensische Geschichten
128 S., vierf. Hardcover, ISBN 3-925798-07-2
Die Erzählungen des bei Nablus geborenen Schäfersohnes Wadi Soudah handeln vom ländlichen Palästina, den Erfahrungen mit der israelischen Besatzung und dem Leben in der Bundesrepublik.

Rafik Schami im dtv

Foto: Alexa Gelberg

Das letzte Wort der Wanderratte
Märchen, Fabeln und phantastische Geschichten

Warum verläßt Momo ihren Ehemann Rudolf S. und brennt mit J.R. durch? Wie legt ein kleiner Rabe einen Pfau aufs Kreuz? Was hat eine Wanderratte ihrem Volk oder vielmehr uns zu sagen? Auf solche Fragen weiß Rafik Schami sehr überraschende Antworten. dtv 10735

Die Sehnsucht fährt schwarz
Geschichten aus der Fremde

Durch seine Märchen ist Rafik Schami berühmt geworden, aber er weiß in den siebzehn Geschichten dieses Bandes auch vom ganz realen Leben zu erzählen, zum Beispiel vom Heimweh und der Diskrimierung der Arbeitsemigranten. dtv 10842

Der erste Ritt durchs Nadelöhr
Noch mehr Märchen, Fabeln & phantastische Geschichten

Zehn Geschichten entführen in eine bunte und bezaubernde Märchen- und Fabelwelt voller Geister, Könige, Riesen und kluger sprechender Tiere. Doch neben den altgewohnten Märchenfiguren begegnen wir auch dem Zahnarzt, dem kleinen Mädchen von nebenan und dem fremdländischen Jungen, die aus ihrem Alltag heraus eine Reise in das Reich des Phantastischen antreten. dtv 10896

Das Schaf im Wolfspelz
Märchen & Fabeln

Neun neue Märchen und Fabeln – vom Schaf, das so gerne eine Wolfsnatur gehabt hätte, vom Bäcker, der vor lauter Geldgier bereit ist, an Wunder zu glauben, und davon, was die Grille im Winter macht. dtv 11026

Der Fliegenmelker
und andere Erzählungen

Geschichten aus dem Damaskus der fünfziger Jahre. Im Mittelpunkt steht der unternehmenslustige Bäckerjunge aus dem armen Christenviertel, der Rafik Schami einmal gewesen ist. dtv 11081

Malula
Märchen und Märchenhaftes aus meinem Dorf

Rafik Schami versteht es, in diesen Geschichten den Zauber, aber auch den Alltag und vor allem den Witz und die Weisheit des Orients einzufangen. dtv 11219

Entdecken Sie drei Kontinente!

Afrika, Asien, Lateinamerika und die arabische Welt erleben wir als exotisch und fremd. Dabei vergessen wir leicht, daß wir alle in einer Welt leben und an einer Weltkultur teilhaben. Es gibt viele Wege, das Denken und Fühlen der Menschen anderer Länder kennenzulernen. Einer der besten, aber auch unterhaltsamsten ist sicher die Literatur. Bringen uns ein Gedicht oder ein Roman die Menschen Nicaraguas oder Indiens nicht tausendmal näher als eine Nachrichtensendung oder eine Statistik?

11565
Dieser Band enthält eine Auswahl aus allen bisher in deutscher Sprache veröffentlichten Gedichtbänden Gioconda Bellis – 49 Gedichte, davon 17 auch in spanischer Sprache.

11566
Magdas Vater nimmt sich eine junge, schwarze Geliebte, und die ledig gebliebene Tochter sinnt auf Rache…
Ein archaisches Drama über einsame Menschen.

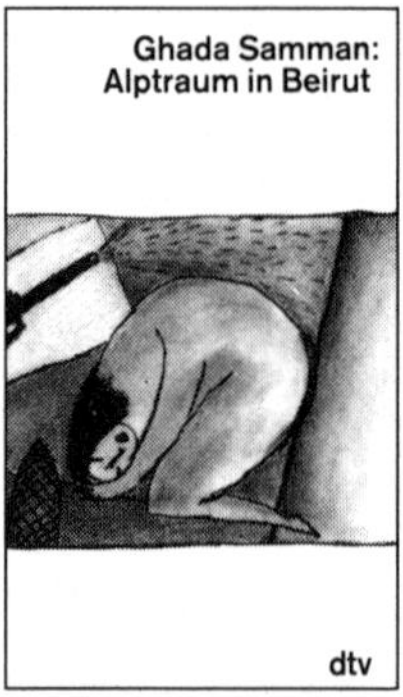

11567
Krieg und Bürgerkrieg gehören zum Alltag in den Ländern des Nahen Ostens. Was das für das Leben der Menschen wirklich bedeutet, machen uns Bücher wie dieses eindringlich klar.

11568
Erzählungen, Reportagen, Gedichte von Menschen aller Rassen und Religionen aus Lateinamerika, Afrika, Asien und der arabischen Welt.

11569
Von europäischen Selbstverwirklichungs-Touristinnen, von missionarisch angehauchten Wohlfahrtsclub-Memsahibs und natürlich vom Kampf der indischen Frauen gegen die Fesseln der Konvention.

11570 (Sept. '92)
Im poetischen Werk dieses größten türkischen Dichters im 20. Jahrhundert spiegelt sich beispielhaft die Geschichte der Türkei und ihrer Menschen wider, in deren Dienst er sein eigenes Leben stellte.

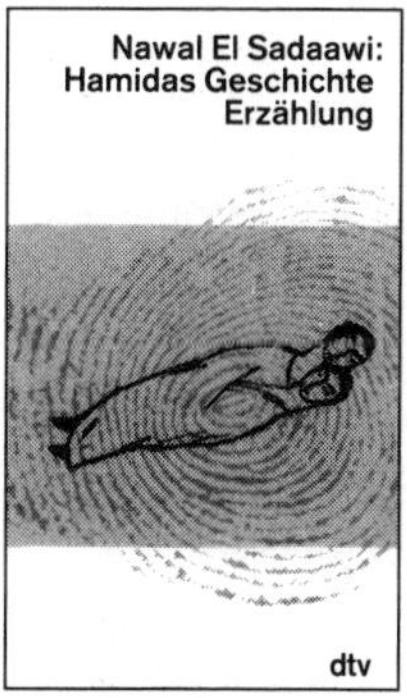

11571 (Sept. '92)
Mit hypnotischer Intensität schildert Nawal El Sadaawi, die ägyptische Vorkämpferin der Frauen aus der patriarchalischen Gewalt, das Schicksal des Mädchens Hamida.

11572 (Sept. '92)
Der Waisenjunge Chicão auf der Suche nach einer »lebenswerten Existenz«. Ein Schicksalsroman und bei aller Sozial- und Gesellschaftskritik eine Liebeserklärung an Brasilien.

Yaşar Kemal
im dtv

Das Lied der tausend Stiere

»Es ist die große Ballade vom Kampf eines Nomadenstammes der türkmenischen Karacullu um ihr angestammtes Winterquartier, das ihnen von den ansässigen Bauern und Hirten immer heftiger streitig gemacht wird ... In einer reichen Sprache, in allen erdenklichen Schattierungen von Freude, Hoffnung und Verzweiflung, von Mut und Niedergeschlagenheit, von Trotz und Ergebung ziehen die Gestalten des Stammes vorüber ...« (Neue Züricher Zeitung)
dtv 10377

Anatolischer Reis

Ein junger Landrat nimmt den Kampf auf gegen ausbeuterische Großgrundbesitzer, die in der anatolischen Landschaft Cukurova ohne Rücksicht auf die verarmte und von Malaria geplagte Bevölkerung riesige Landstriche für den Reisanbau überfluten lassen.
dtv 10704

Gelbe Hitze
Erzählungen

Yaşar Kemal greift in diesen sechzehn Erzählungen die Tradition der Wandersänger und Geschichtenerzähler auf und verbindet sie mit seiner eigenen Lebenserfahrung und dem Wissen um die soziale und politische Wirklichkeit seines Landes zu einem anschaulichen Bild des Lebens der Menschen in Südanatolien. dtv 10933

Die Ararat Legende

Dem Hirten Ahmet, der an den Hängen des Berges Ararat lebt, ist ein wunderschönes Pferd zugelaufen. Ein Geschenk Allahs, sagen alle. Doch eines Tages erhebt der Pascha, dem das Pferd gehört, Anspruch darauf. Seine schöne Tochter stellt sich auf Ahmets Seite ... Yaşar Kemal hat eine alte kurdische Legende neu belebt und zur politischen Parabel geformt.
dtv 11147

Gudrun Pausewang im dtv

Foto: Kraufmann + Scheerer

Die Freiheit des Ramon Acosta

Der »Aussteiger« Ramon Acosta versucht mit seiner Freundin im Urwald zu überleben. Doch das Paradies wird zur Hölle... dtv 10122

Kinderbesuch

Ein deutsches Ehepaar besucht seine in Südamerika lebende Tochter. Tief beeindruckt vom Reichtum des Schwiegersohns, stehen sie der Armut und dem Elend rund um das vornehme Villenviertel verständnislos gegenüber. Als sie eines Tages allein zu Hause sind, öffnen sie einem kleinen bettelnden Mädchen die Tür ... dtv 10676

Der Weg nach Tongay

Durch eine südamerikanische Wüstenlandschaft führt der Weg einer alten Drehorgelspielerin. Fast Unmenschliches fordert ihr diese Reise ab, auf der sie ein hergelaufener Hund begleitet, der zu ihrem ganzen Lebensinhalt wird. dtv 10854

Pepe Amado

Die unglaubliche Geschichte eines Schwarzen in Südamerika, der wie ein Sklave gehalten wird, bis man ihm eines Tages einen Vulkan »schenkt«. Ein modernes Märchen, das von der Lüge und der Hoffnung auf Veränderung erzählt. dtv 11088

Aufstieg und Untergang der Insel Delphina

In den ersten dreihundert Jahren, nachdem Delphina aus dem Karibischen Meer aufgetaucht ist, geschieht dort fast nichts, in den folgenden dreihundert Jahren bis zu ihrem Untergang um so mehr ... dtv 11218